Europa 2018

Inhalt

Diese Publikation handelt von der Europäischen Union – und hier sind fünf Gründe weiterzulesen

1.

Ob man sich für Politik interessiert oder nicht: Die Europäische Union (EU) beeinflusst in vielen Bereichen unser tägliches Leben: beim Arbeiten und beim Reisen, beim Studieren und in der Währung, beim Umwelt- und beim Gesundheitsschutz. Viele unserer Gesetze kommen aus der EU oder werden von ihr angestoßen. Darüber sollte man Bescheid wissen.

2.

2016 hat die britische Bevölkerung in einem Referendum beschlossen, dass das Vereinigte Königreich die Europäische Union verlassen soll. Bis 2019 soll sich dieser „Brexit" vollziehen. Worüber wird bei diesem Austritt verhandelt? Und wie sollen die zukünftigen Beziehungen der EU mit dem Vereinigten Königreich aussehen? Das wird jetzt viel diskutiert. Wer mitreden will, muss auch wissen, wovon er spricht.

3.

Kaum gibt es etwas Unangenehmes zu vermelden, heißt es in Deutschland und den anderen Mitgliedstaaten oft, da könne man nichts machen, das sei „aus Brüssel gekommen". Tatsache ist: Es gibt kaum eine Entscheidung der Europäischen Union, an der Deutsche und die Bundesregierung nicht beteiligt sind. Daher sollte man verstehen, wie die Verflechtungen zwischen der EU und den Mitgliedstaaten wirklich funktionieren. Hier kann man es nachlesen.

4.

Die EU nimmt nicht nur Einfluss auf unser Leben, sondern wir gestalten sie auch ganz direkt mit. Das geschieht über die Wahl zum Europäischen Parlament, über die Europäische Bürgerinitiative, über Anhörungen und Foren. Diese Publikation zeigt, wie man sich als Bürgerin oder Bürger konkret in den Entscheidungsprozess einbringen kann.

5.

Die Europäische Union hat viel erreicht. Aber in ihr läuft auch nicht alles perfekt. Es gibt Probleme und auch Kritik an ihr. Um die Weiterentwicklung der Europäischen Union vorantreiben zu können, sollte man wissen, wie sie funktioniert.

Wo entscheidet die EU über mein Leben?

Die EU – wer ist das eigentlich?

Dies ist ein Steckbrief der Europäischen Union

Täglich hören wir etwas über „die EU", aber wer oder was ist das eigentlich? Mehr dazu kann man auf den folgenden Seiten erfahren, hier nur ein kurzer Steckbrief:

Die Europäische Union, kurz EU genannt, ist der Zusammenschluss von **28 Staaten**, darunter auch Deutschland. Das Vereinigte Königreich von Großbritannien und Nordirland hat im Juni 2016 beschlossen, die EU verlassen zu wollen. Über die Bedingungen des Austritts wird zurzeit verhandelt, bis 2019 soll er vollzogen sein. So lange bleibt das Vereinigte Königreich ein Mitgliedstaat mit allen Rechten und Pflichten. In den 28 Staaten der EU leben rund **512 Mio. Menschen**. Die EU hat eine eigene Struktur und auch eigene Kompetenzen, hebt aber den Nationalstaat nicht auf.

Der **Europäische Rat**, in dem sich die Staats- und Regierungschefs der Mitgliedstaaten treffen, legt die allgemeinen politischen Ziele und Prioritäten für die EU fest.

Die EU wird sozusagen vom Rat der Europäischen Union und dem Europäischen Parlament regiert. Dem **Rat der Europäischen Union** (meistens kurz „Rat" oder

„Ministerrat" genannt) gehören die Vertreterinnen und Vertreter der 28 Mitgliedstaaten an. Das **Europäische Parlament** wird alle fünf Jahre in direkten Wahlen von den Bürgerinnen und Bürgern der EU gewählt. Die nächste Europawahl findet im Mai/ Juni 2019 statt.

Verwaltet wird die EU von der **Europäischen Kommission**. Die Kommission arbeitet in Brüssel und hat unter anderem die Aufgabe, europäische Impulse zu setzen.

Der Haushalt der EU betrug für 2017 rund 134,5 Mrd. Euro. Für 2018 beträgt er 144,68 Mrd. Euro, um zusätzliche Impulse für wirtschaftliches Wachstum und gegen Arbeitslosigkeit, insbesondere Jugendarbeitslosigkeit setzen zu können. Endgültig beschlossen wird der Haushalt vom Rat einerseits und vom Europäischen Parlament andererseits. Darüber, dass das Geld dann korrekt ausgegeben wird, wacht auch die Europäische Kommission, der aber wiederum der **Europäische Rechnungshof** auf die Finger schaut.

Dann gibt es einen **Gerichtshof der Europäischen Union**, der dafür sorgt, dass das Recht der EU auch eingehalten wird.

In 19 Staaten der EU wird mit dem Euro bezahlt. Für die Währungspolitik im Euroraum ist die **Europäische Zentralbank** zuständig. In Kapitel 4 sind die Institutionen im Einzelnen beschrieben und auch, wie sie zusammenwirken.

Einkaufen muss jede(r) – und dann landet man im Binnenmarkt

Hier geht es um die Wirtschaft in Europa

Die Europäische Union ist zwar mehr als ein wirtschaftlicher Zusammenschluss, aber sie ist auch ein großer Marktplatz. Die 28 Mitgliedstaaten der EU bilden – bezogen auf die umgesetzten Werte – gemeinsam den **größten Binnenmarkt der Welt**. (Andere große Binnenmärkte wie der chinesische oder der indische zählen mehr Konsumenten, die aber viel weniger Kaufkraft haben.)

Binnenmarkt, das bedeutet: Zwischen den Mitgliedstaaten funktioniert das Wirtschaftsgeschehen genau wie innerhalb Deutschlands.

Im Binnenmarkt gelten die sogenannten **Vier Freiheiten**. Das ist die Freiheit der **Waren**, der **Dienstleistungen**, des **Kapitals** und von **Personen**. Konkret heißt das: Waren werden innerhalb der EU frei gehandelt, es gibt keine Zölle. Die Verbraucherinnen und Verbraucher entscheiden, was sie haben wollen. Und wenn ihnen ungarischer Wein besser schmeckt als deutscher, wenn sie polnische Wurst oder italienischen Schinken lieber essen als deutsche Produkte, dann können sie daran nicht gehindert werden – auch nicht durch einen Zoll.

Diese Freiheit gilt auch für Dienstleistungen. Ein deutscher Architekt kann seine Dienste in Belgien anbieten und wenn das billiger ist, kann der Kegelverein „Alle Neune" in Frankfurt/Oder für seinen Jahresausflug einen Bus aus Polen buchen.

Jede Unionsbürgerin und jeder Unionsbürger kann überall in der Union unter denselben Bedingungen arbeiten wie Einheimische. Niemand kann ihnen einen Job verwehren, weil sie aus einem anderen Mitgliedstaat kommen. Sie genießen die Arbeitnehmerfreizügigkeit.

Wer Geld übrig hat, kann es als Unionsbürgerin oder Unionsbürger im eigenen Land anlegen, aber auch in einem anderen Staat der Europäischen Union, wenn ihr oder ihm die Bedingungen dort günstiger erscheinen. Das betrifft auch Investitionen, wenn ein deutsches Unternehmen woanders eine Zweigstelle oder eine Tochterfirma schafft. Das ist die Freiheit des Kapitals.

Der Binnenmarkt gibt also den Einzelnen viel Freiheit. Sie entscheiden selbst, was sie kaufen, welche Dienstleistung sie in Anspruch nehmen, wo sie ihr Geld anlegen und wo sie arbeiten wollen.

So kommt es, dass beispielsweise viele junge Menschen aus Spanien oder Polen in Deutschland berufstätig sind. Sie haben ihren Arbeitsort frei gewählt, sie zahlen in Deutschland Sozialversicherungsbeiträge und Steuern und tragen so zum deutschen Wohlstand bei. Das ist eine Situation, von der alle profitieren.

Als durch die Einheitliche Europäische Akte 1987 der Startschuss für den Binnenmarkt gegeben wurde, spielte das Internet noch keine Rolle. Mittlerweile hat es unser tägliches Leben stark verändert und wird auch wirtschaftlich immer bedeutsamer. Deshalb ist es wichtig, auch einen **digitalen Binnenmarkt** zu schaffen. Dies ist ein Schwerpunkt der EU-Binnenmarktaktivitäten. Auch die Bedingungen für

den Internethandel sollen fair und einheitlich sein. Dazu gehört auch ein guter Zugang möglichst aller zum Internet.
Die Vertreterinnen und Vertreter von EU-Kommission, Ministerrat und Europäischem Parlament haben sich im Mai 2017 darauf geeinigt, 120 Mio. Euro dafür zur Verfügung zu stellen, dass Kommunen in der gesamten EU einen kostenlosen WLAN-Zugang an öffentlichen Plätzen wie Bibliotheken, Parks oder Verwaltungsgebäuden schaffen können. „Die digitale Binnenmarktstrategie zielt darauf ab, ein vollständig vernetztes Europa aufzubauen, in dem jeder Zugang zu hochwertigen digitalen Netzwerken hat.", heißt es in einer Erklärung der Europäischen Kommission. Das Programm trägt den Namen „WiFi4EU".

ec.europa.eu/digital-single-market/en/wifi4eu-kostenloses-wlan-fur-alle

Ohne Standards und Regeln kein Vertrauen

Verbraucherschutz in der EU

Ob dem Kunden der griechische Aprikosensaft besser schmeckt oder der deutsche – das ist seine Entscheidung. Er muss sich aber darauf verlassen können, dass in der Packung auch das drin ist, was drauf steht. Saft besteht zu 100 Prozent aus Früchten, es darf ihm kein Wasser und kein Zucker zugesetzt werden, andernfalls darf das Getränk nicht „Saft" heißen. Dies ist nur eins von vielen Beispielen für **EU-weite Standards**, um die Verbraucherinnen und Verbraucher zu schützen.

Die Standardisierung, also beispielsweise, dass genau festgelegt wird, was „Saft" ist, wird oft belächelt oder als Ausdruck europäischer Bürokratie gesehen. In der Tat ist die Sprache dieser Regelungen sachlich und trocken, aber die Standardisierung ist eine elementare Voraussetzung für den

Binnenmarkt. Dabei geht es nicht nur um Geschmack, sondern auch um Sicherheit. Elektroartikel, die das europäische CE-Zeichen haben, erfüllen bestimmte Sicherheitsanforderungen. Sie mögen schön sein oder hässlich, billig oder teuer – aber sie sind auf jeden Fall sicher.

Im EU-weiten Handel überschreiten jeden Tag Produkte in Milliardenwerten die internen Grenzen der Mitgliedstaaten. Das bedeutet allerdings auch: Wenn es irgendwo ein Problem gibt, betrifft das schnell große Teile der EU. Im August 2017 stellte sich heraus, dass Eier aus einigen europäischen Hühnerfarmen mit einem für Menschen schädlichen Insektenvernichtungsmittel verseucht waren. Diese Eier waren auch in deutschen Supermarktregalen gelandet und mussten dort entfernt werden. Schnell wurde deutlich, dass die Verunreinigung bei der Desinfizierung der Stallungen durch einen Dienstleister entstanden war und neben niederländischen auch belgische, deutsche sowie ein französischer Betrieb zu den Betroffenen gehörten. Eigentlich hätte das nicht passieren dürfen, denn das verwendete Insektizid („Fipronil") ist in der EU für diese Zwecke verboten.

Für Maßnahmen vor Ort wie die Stilllegung von Betrieben oder das aus dem Verkehr Nehmen von Produkten sind lokale oder nationale Behörden zuständig. Dass die Eier aus den betroffenen Betrieben jedoch leicht zu identifizieren waren, lag wiederum an einer EU-Regelung. Jedes Ei in jedem Lebensmittelgeschäft in der gesamten EU trägt eine Kennnummer, die angibt, aus welchem Land und aus welchem Betrieb das Ei stammt und auch, wie die Hühner in diesem Betrieb gehalten werden. Wer genau wissen möchte, was in seinem Kühlschrank liegt, kann es hier erfahren:

www.bmel.de/DE/Ernaehrung/Kennzeichnung/VerpflichtendeKennzeichnung/Produktbezogene_Kennzeichnungsregelungen/_Texte/Eierkennzeichnung.html

Für Probleme bei Nahrungs- oder Futtermitteln gibt es in der EU übrigens ein Schnellwarnsystem, mit dem erreicht werden soll, dass alle Mitgliedstaaten schnell und umfassend erfahren, wenn irgendwo in der EU Probleme mit der Qualität der Nahrungsmittel für Mensch oder Tier auftreten.

Wer ein Produkt im Ausland (und sei es über das Internet) kauft, möchte die gleiche Garantie auf das Produkt haben wie im Laden an der Ecke. Die EU hat die **Garantiezeit für Konsumgüter** daher einheitlich auf zwei Jahre festgelegt. In Deutschland waren das vorher nur sechs Monate.

Es gibt viele Regelungen zum Verbraucherschutz, beispielsweise eine Verordnung zum besseren **Schutz von Flugpassagieren bei Überbuchungen und Verspätungen**. Wer auf seinem Urlaubsflug „hängen" bleibt oder einen wichtigen beruflichen Termin verpasst, weiß diese Bestimmungen zu schätzen.

Die EU-Datenbank RAPEX sammelt Informationen zu gefährlichen Konsumgütern, z. B. Spielzeug, bei dem für Kinder Verschluckungsgefahr von lösbaren Teilen besteht.

Kurz gesagt: Die EU ist immer dann gefordert, wenn nationale Grenzen überschritten werden.

Produkte aus Staaten, die nicht zur EU gehören, müssen ebenfalls bestimmte Standards erfüllen, um bei uns auf dem Markt zugelassen zu werden. Das müssen die ausländischen Produzenten jetzt aber nicht mit allen 28 Regierungen verhandeln, sondern nur einmal für die gesamte EU. Für uns als Verbraucherinnen und Verbraucher bedeutet das: Ein lateinamerikanisches Produkt, das wir im Urlaub in Spanien erwerben, erfüllt die gleichen Bedingungen wie eines, das es bei uns zu Hause im Laden gibt.

Mehr über Lebensmittelsicherheit und Gesundheitsschutz in der EU findet man, allerdings in englischer Sprache, hier:

ec.europa.eu/dgs/health_food-safety/index_en.htm

Die Europäische Union schließt also mit anderen Ländern **Handelsabkommen.** Darin ist neben den Qualitätsanforderungen und Sicherheitsstandards auch geregelt, ob Produkte aus dem Partnerland mit einem Zoll belegt werden, und falls ja, wie hoch dieser ist. Handelsverträge führen in der Regel zu größerem Warenaustausch und Kapitalverkehr. Dadurch besteht die Chance, mehr Arbeitsplätze bei den Vertragspartnern hier und dort zu schaffen und den Wohlstand zu erhöhen.

Die weitestgehenden Handelsabkommen sind die, mit denen eine **Freihandelszone** geschaffen wird, in der alle Unternehmen aus der EU sowie aus dem jeweiligen Partnerland freien Zugang zum anderen Markt haben. Das betrifft beispielsweise auch die Frage, ob Unternehmen sich um öffentliche Aufträge (vom Bau einer neuen Stadthalle bis zur Lieferung von Wolldecken für die Armee) bewerben dürfen oder ob auch Dienstleistungen frei angeboten werden können.

Die Europäische Union hat bereits über 50 Freihandelsabkommen geschlossen, die mittlerweile in Kraft sind. Große Auseinandersetzungen und viele Diskussionen gab es um ein geplantes Abkommen mit den USA, das nach dem englischen Titel **TTIP** abgekürzt wird (Transatlantic Trade and Investment Partnership). Unionsbürgerinnen und -bürger befürchteten, durch Zugeständnisse an die USA würden Lebensmittelstandards gesenkt oder soziale Regelungen außer Kraft gesetzt. Unter US-Präsident Donald Trump, der sein Amt im Januar 2017 angetreten hat, sind die Gespräche praktisch zum Stillstand gekommen. Präsident Trump geht davon aus, TTIP würde einseitig der EU nutzen. Eine tatsächliche Bewertung des Abkommens ist jedoch nicht möglich, da es keinen fertigen Vertragstext gibt.

Mehr Informationen zu TTIP:

ec.europa.eu/trade/policy/in-focus/ttip/index_de.htm

Ein weiteres Freihandelsabkommen, das ausgehandelt wurde, ist das Abkommen **CETA** (Comprehensive Economic and Trade Agreement) zwischen der Europäischen Union und Kanada. Das Europäische Parlament hat diesem im Februar 2017 zugestimmt. Auch die nationalen Parlamente müssen noch einverstanden sein. Da dies ein langwieriger Prozess ist, werden die Bereiche des Abkommens, die unter EU-Kompetenz fallen, bereits vorläufig angewandt – ein übliches Verfahren in solchen Fällen.

Mehr Informationen zu CETA, seinen Regelungen und seinen Auswirkungen:

ec.europa.eu/trade/policy/in-focus/ceta/index_de.htm

Viel Kritik ist im Zusammenhang mit den Verhandlungen über TTIP darüber geäußert worden, dass diese vertraulich stattfinden, die Öffentlichkeit also nicht immer weiß, worüber geredet wird und wer welche Positionen vertritt. Allerdings wäre es nicht vorteilhaft, wenn die EU ihre Positionen und „roten Linien" schon vorher veröffentlichen würde. Spätestens aber, wenn der Entwurf fertig ist, wird er breit diskutiert. Er kann nämlich nur in Kraft gesetzt werden, wenn ihm, wie auch bei CETA geschehen, das Europäische Parlament zustimmt – und das wird es nur nach ausführlicher Beratung tun. Ohne den Beschluss des Europäischen Parlaments und eine diesen begleitende öffentliche Debatte geht gar nichts. Und je nachdem, wie weit das fertige Abkommen in seinen Festlegungen geht, müssen auch die nationalen Parlamente, also bei uns der Bundestag, ihr Einverständnis erklären. Dass also über Nacht und über die Köpfe der Bürgerinnen und Bürger ein solches Abkommen in Kraft gesetzt wird, kann nicht geschehen.

Übrigens: Nicht nur die Plenarsitzungen des Europäischen Parlaments sind öffentlich und können in allen Amtssprachen im Internet gestreamt oder später nachverfolgt werden.

www.europarl.europa.eu/ep-live/de/schedule

Auch alle Ausschusssitzungen sind – anders als im Deutschen Bundestag – der Öffentlichkeit zugänglich.

Preiswert ja, aber nicht auf dem Rücken der Arbeitskräfte und der Kunden

Sozialpolitik in der Europäischen Union

Die Sozialpolitik ist zwar prinzipiell Sache der Mitgliedstaaten, wird also nicht von der EU geregelt. Allerdings „unterstützt und ergänzt" die EU die Tätigkeit der Mitgliedstaaten, was letztendlich bedeutet, dass sie auf einigen Gebieten **Mindeststandards** festlegt.

Dabei geht es um den Schutz der Gesundheit und der Sicherheit der Arbeitnehmerinnen und Arbeitnehmer, um Arbeitsbedingungen, soziale Sicherheit und sozialen Schutz, Kündigungsschutz, Mitbestimmung, Chancengleichheit von Männern und Frauen sowie um die Bekämpfung sozialer Ausgrenzung.

So gibt es beispielsweise eine Arbeitszeitrichtlinie, die regelt, dass abhängig Beschäftigte nicht länger als 48 Stunden pro Woche arbeiten dürfen. Außerdem bestehen Arbeitsschutzbestimmungen, an die sich alle halten müssen, egal ob sie ihre Produkte in Belgien oder in Schweden, in der Tschechischen Republik oder in Slowenien herstellen.

Informationen über die Bereiche Beschäftigung, Soziales und Integration findet man hier:

ec.europa.eu/social/

Zu den Kontrollaufgaben der Europäischen Kommission gehört auch, darauf zu achten, dass Firmen keine illegalen Preisabsprachen treffen. Wenn das geschieht, ist nämlich immer der Verbraucher der Dumme, der einen überhöhten Preis bezahlen muss.

Die Europäische Kommission ermittelt in solchen Fragen sorgfältig und verhängt deutliche Strafen, wenn sie Kartellabsprachen auf die Schliche kommt. So hat die Kommission beispielsweise 2016 ein Bußgeld von fast 3 Mrd. Euro gegen vier Lastwagenhersteller verhängt, die Preise abgesprochen hatten.

Wer es genau wissen will, findet die Information hier:

ec.europa.eu/germany/news/eu-kommission-verhängt-rekordgeldbuße-von-293-milliarden-euro-gegen-lkw-kartell_de

Gegen den Internetkonzern Google hat die Europäische Kommission im Juni 2017 eine Geldbuße von 2,42 Mrd. Euro verhängt, weil er in seinem Suchmaschinenangebot systematisch seine eigenen Angebote nach vorne gebracht und Mitbewerber benachteiligt hat. Nachlesen kann man das hier:

ec.europa.eu/germany/news/eu-kommission-verhängt-geldbuße-von-242-milliarden-euro-gegen-google_de

Die Umwelt über Grenzen hinweg schützen

Umweltschutz in der EU

Auch im Bereich des **Umweltschutzes** ist die Europäische Union sehr aktiv. Ob es um die Qualität des Trinkwassers geht oder die der Atemluft, um Lärm oder die Verschmutzung der Meere durch Plastikmüll. Die EU-Umweltgesetzgebung trägt dazu bei, dass die Bürgerinnen und Bürger der EU eine hohe Lebensqualität genießen können.

Umweltschutz hat viele Aspekte. Und gerade bei der Umwelt ist auch klar, dass nationale Maßnahmen wenig Effekt haben, egal ob es um Luftreinhaltung oder die Qualität des Wassers geht. Wie gut das Wasser ist, das wir trinken, hängt wesentlich damit zusammen, wie viele Schadstoffe in den Boden gelangen und wie viele Abwässer in Flüsse und Seen geleitet werden. Verschmutzung macht nicht an nationalen Grenzen Halt.

Deshalb hat das Europäische Parlament schon im Jahr 2000 eine **Gewässerschutzrichtlinie** beschlossen. Bis eine solche Richtlinie Wirklichkeit wird, dauert es Jahre. Zuerst muss die Richtlinie in nationales Recht umgesetzt werden. Das heißt, dass die nationalen Parlamente, bei uns der Bundestag, ein entsprechendes Gesetz verabschieden. Damit sind dann Standards gesetzt, deren Umsetzung in der Regel auch einige Jahre in Anspruch nimmt. Aber davon, was vor über 15 Jahren vom Europäischen Parlament beschlossen wurde, profitieren wir auch heute noch.

Man könnte viele weitere Beispiele nennen, die die Umweltschutzaktivitäten auf europäischer Ebene zeigen. Aber das Prinzip ist klar: Wenn eine Herausforderung nur gemeinsam zu bewältigen ist, kann die Europäische Union eingreifen. Den Nutzen haben die Bürgerinnen und Bürger, denen es ja nichts hilft, wenn sie selbst ökologisch vorbildlich handeln, ihre Nachbarn es aber nicht tun.

Zu den vom Europäischen Parlament 2015 verabschiedeten Gesetzen gehört eine Richtlinie der Europäischen Union, die die Mitgliedstaaten verpflichtet, die Zahl der **Plastiktüten** deutlich zu **verringern**. Dazu muss man wissen: In der EU werden derzeit jährlich fast 100 Milliarden Plastiktüten verbraucht. Das Ziel der Richtlinie ist die Verringerung der Anzahl dünner Plastiktüten auf 90 Stück pro Person pro Jahr bis 2019 und auf 40 Stück pro Person

bis zum Jahr 2025. Die Mitgliedstaaten können die Unternehmen zwingen, die Tüten nicht mehr unentgeltlich abzugeben, sie können aber auch mit dem Handel andere Vereinbarungen treffen, zum Beispiel dass dieser die Plastiktüten durch Papiertüten ersetzt. Oder sie können darauf hoffen, dass eine intensive Werbekampagne die Bürgerinnen und Bürger dazu bringt, auf Plastiktüten zu verzichten. Die „leichten Plastiktüten", das sind Tüten bis zu 50 Mikron, werden in der Regel nicht wiederbenutzt, sondern weggeworfen.

Die größte Umweltverschmutzung ist übrigens heutzutage die durch Lärm. Das Europäische Parlament und der Rat haben darauf mit einer **Umgebungslärmrichtlinie** reagiert, die Höchstgrenzen für Lärmbelastungen im öffentlichen Raum festlegt. Die Mitgliedstaaten mussten sie in nationales Recht umsetzen und dafür sorgen, dass die Höchstwerte eingehalten werden. Wie sie das tun, ob mit Tempobeschränkungen, baulichen Maßnahmen (Straßen mit „Flüsterbeton") oder Förderung des Fahrradverkehrs, ist ihre Sache. Für die Bürgerinnen und Bürger bedeutet das allerdings: Wenn es in ihrer Umgebung gesundheitsschädlich laut ist, haben sie eine rechtliche Handhabe, dagegen vorzugehen.

Die wesentlichste Lärmquelle ist der Verkehr, der nicht nur Geräusche, sondern auch Schadstoffe produziert. Um die Gesundheit der Bürgerinnen und Bürger in der EU zu schützen, regelt eine **Luftqualitätsrichtlinie**, wie hoch der Schadstoffanteil in der Atemluft höchstens sein darf.

Eine Übersicht über den Umweltschutz findet man hier:

ec.europa.eu/environment/basics/home_de.htm

Dass es Regeln gibt, heißt allerdings nicht immer, dass diese auch eingehalten werden. Im Sommer 2017 hat der sogenannte „Diesel-Skandal" in Deutschland und anderen Ländern große Aufmerksamkeit erregt. Es war nämlich deutlich geworden, dass führende Kfz-Hersteller falsche Angaben über den Stickoxid-Ausstoß der Dieselfahrzeuge gemacht hatten. Die Fahrzeuge erfüllten zwar auf dem Papier und bei manipulierten Tests die EU-Normen, aber nicht im Straßenbetrieb, sodass wesentlich mehr Schadstoffe in die Atemluft gelangten. Umweltverbände haben auf der Basis der EU-Normen dagegen geklagt. Die Autoindustrie musste sich verpflichten, die Fahrzeuge nachzurüsten. Ob das ausreichen würde, war im Sommer 2017 noch nicht klar. Im Raum standen Fahrverbote für bestimmte Dieselfahrzeuge in den Innenstädten, um deren Bewohnerinnen und Bewohner vor der Gesundheitsgefährdung zu schützen. Fahrverbote würden die Menschen treffen, die sich guten Glaubens ein solches Dieselauto gekauft hatten. Deshalb versucht auch die Politik, diese drastische Einschränkung zu vermeiden. Eine Möglichkeit hat die Politik allerdings nicht, nämlich einfach die nationalen Normen zu ändern. Sie ist an das EU-Recht gebunden.

Übrigens: Wenn „die EU" etwas regelt, tut sie das nie über die Köpfe der Mitgliedstaaten hinweg. „Die EU", das sind nämlich ihre Mitgliedstaaten und ihre Bürgerinnen und Bürger. Der erste Entwurf für ein neues Gesetz wird immer von der Europäischen Kommission vorgeschlagen, dann aber vom Rat, der Vertretung aller Mitgliedstaaten, sowie dem Europäischen Parlament, das aus direkt gewählten Abgeordneten aus allen Mitgliedstaaten besteht, beschlossen. Wie das genau funktioniert, steht im hinteren Teil dieser Publikation.

Ein großes Thema ist der **Klimaschutz.** Der Anstieg der Temperatur auf der Erde ist bereits nicht mehr rückgängig zu machen. Dass die Erderwärmung eine Folge des Schadstoffeintrags ist, ist weitestgehend unbestritten. Die Folgen des Klimawandels sind schon sichtbar: Während manche Regionen, besonders in Afrika, buchstäblich veröden und den Menschen damit die Lebensgrundlage entzogen wird, nehmen in anderen Regionen die Unwetter, Überschwemmungen und Stürme zu. Der Meeresspiegel steigt an und gefährdet Inseln und Landstriche. Deshalb gibt es große Anstrengungen der Weltgemeinschaft, den Temperaturanstieg wenigstens auf 2 Grad Celsius gegenüber dem vorindustriellen Zeitalter zu beschränken. Nach langem Ringen haben sich über 190 Staaten Ende 2015 mit dem Pariser Abkommen darauf geeinigt, entsprechende Maßnahmen zu übernehmen. Allerdings hat US-Präsident Trump die Vereinbarungen von Paris nach seiner Amtsübernahme gekündigt, sodass die USA, eine der wichtigsten Industrienationen und einer der größten Umweltverschmutzer, daran nicht teilnehmen werden.

Die Europäische Union hat jedoch deutlich gemacht, dass sie zum Klimaabkommen steht und entsprechende Anstrengungen übernehmen wird. „Das Pariser Abkommen lebt und wir werden es vorantreiben", erklärte der Präsident des Europäischen Parlaments, Antonio Tajani, als Reaktion auf Präsident Trumps Kündigung.

Die Europäische Union verfügt über eine anspruchsvolle Klimastrategie. Bis 2020 sollen die Treibhausemissionen um 20 Prozent gegenüber 1990 gesenkt, die Energieeffizienz um 20 Prozent erhöht werden. 20 Prozent der Energie soll zudem aus erneuerbaren Quellen gewonnen werden. Bis 2030 sollen dann folgende Ziele erreicht werden: Reduktion der Treibhausgase um 40 Prozent, Energieeffizienz und Anteil der erneuerbaren Energien jeweils 27 Prozent. Bis 2050 schließlich will die EU ihre Emissionen gegenüber 1990 um 80 bis 95 Prozent reduziert haben. Dieses Vorhaben ist alles andere als ein Spaziergang und es geht auch innerhalb der Europäischen Union nicht ohne Auseinandersetzungen, gerade mit den Staaten, die ihre Energie noch zu einem großen Teil aus Kohle gewinnen. Deshalb hat die Europäische Union beschlossen, mindestens 20 Prozent der gesamten Haushaltsmittel 2014 – 2020 für den Klimaschutz aufzuwenden. Durch das Ausscheren der USA aus der Weltklimapolitik kommt der EU noch eine stärkere Verantwortung als „Antreiber", Verhandlungspartner und Vorbild zu.

Wer einkauft, muss auch bezahlen – meistens mit dem Euro

Die Europäische Währungsunion

Der **Euro** ist die gemeinsame Währung von derzeit **19 Staaten** der Europäischen Union, darunter auch Deutschland und Österreich.

Der Vertrag von Lissabon sieht vor, dass alle Mitgliedstaaten – mit Ausnahme des Vereinigten Königreichs und Dänemarks – den Euro als Währung einführen sollen, wenn sie die notwendigen Voraussetzungen erfüllen. Die Nutzung des Euro bietet den Verbraucherinnen und Verbrauchern viele Vorteile, sie müssen bei Auslandsreisen keine Wechselgebühren mehr bezahlen und haben auch volle Preistransparenz.

Für Unternehmen ist wichtig, dass sie Bestellungen und Lieferungen in Euro vereinbaren und nicht irgendwelche Wechselkursschwankungen ihnen einen Strich durch die Rechnung machen können, weil das Produkt auf einmal 10 Prozent teurer ist oder beim Verkauf 10 Prozent weniger bringt. Je stärker eine Volkswirtschaft auf Export setzt, desto wichtiger ist das.

„Im Jahr 2013 gingen circa zwei Drittel der deutschen Exporte in Länder der Europäischen Union und fast 40 Prozent in Länder der Eurozone. Dies sorgt in Deutschland für Wachstum und schafft Arbeitsplätze.“, sagt das Bundesfinanzministerium.

www.bundesfinanzministerium.de/Content/DE/Standardartikel/Themen/Europa/Euro_auf_einen_Blick/Nutzen_des_Euro/2012-06-06-Nutzen-des-Euro.html

Der Euro ist jedoch nicht nur eine Erfolgsgeschichte, sondern auch ein Streitgegenstand. Eine gemeinsame Währung setzt nämlich eine gemeinsame **Stabilitätspolitik** voraus. Darauf hat man sich im Zusammenhang mit dem Vertrag von Maastricht (1993) auch in einem Stabilitäts- und Wachstumspakt (1997) geeinigt, bevor der Euro 1999 eingeführt wurde. Aber nicht alle Staaten haben sich an die gemeinsam beschlossenen Vorgaben gehalten – übrigens auch Deutschland nicht. Wie die Eurostaaten darauf reagiert haben, finden Sie weiter hinten in dieser Broschüre.

Hier ist wichtig festzuhalten: Die 19 Staaten machen eine gemeinsame Währungspolitik, die von einer gemeinsam getragenen **Europäischen Zentralbank** (mit Sitz in Frankfurt am Main) verantwortet wird. Was dort beschlossen wird, hat Auswirkungen auf uns alle, man denke nur an die Höhe der Zinsen, die Verfügbarkeit von Krediten oder die Inflationsrate.

In den letzten Jahren ist die Währungsunion in die Krise geraten, was zu heftigen Auseinandersetzungen innerhalb der EU und auch innerhalb Deutschlands geführt hat und noch immer führt. Im weiteren Verlauf dieser Publikation wird darauf näher eingegangen.

Hier lässt sich aber immerhin feststellen: Die EU und der Euro haben die Turbulenzen bislang gut überstanden. Der Euro ist nach wie vor eine stabile und weltweit geachtete Währung mit einer ganz geringen Inflationsrate. Volkswirtschaftlich ausgedrückt: Sowohl der Außen- als auch der Binnenwert des Euro sind stabil.

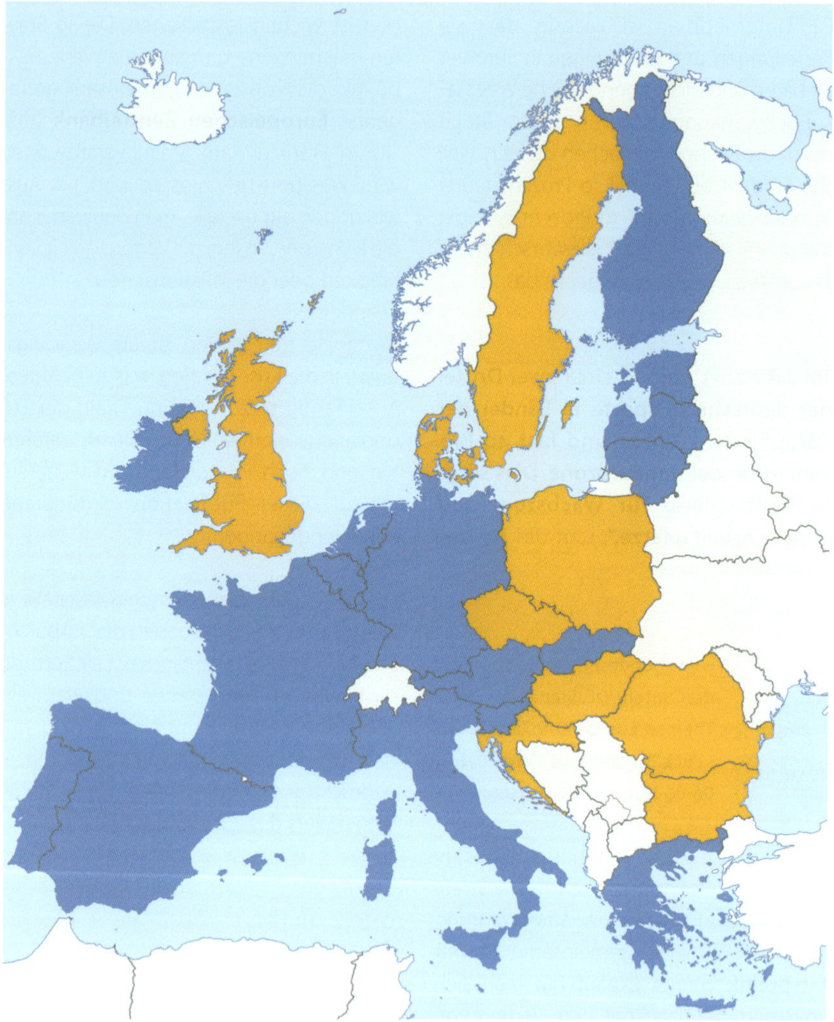

› EU-Länder, die den Euro als Währung haben

› EU-Länder mit einer anderen Währung

Grenzenlos reisen

Freizügigkeit in Europa

Junge Leute können es oft schon nicht mehr hören, wenn der Opa davon erzählt, wie er früher an der deutsch-französischen Grenze Schlange gestanden hat, einen Reisepass mit sich führen musste oder für einen Besuch in Prag oder Warschau erst einmal ein Visum bei der jeweiligen Botschaft beantragen musste. Unbeschwertes Reisen ohne Pass, Visum und Warterei an den Grenzen ist für die Bürgerinnen und Bürger der EU heute selbstverständlich. Geregelt ist dieser Zustand durch das **Schengener Abkommen**.

Schengen ist ein kleiner Ort in Luxemburg, wo die Vereinbarung damals geschlossen wurde. Diesem Schengener Übereinkommen gehören fast alle Mitgliedstaaten an. Die Ausnahmen sind das Vereinigte Königreich, Irland und Zypern einerseits und andererseits Bulgarien, Rumänien und Kroatien, die dem Abkommen so schnell wie möglich beitreten wollen, sobald sie alle Bedingungen erfüllt haben. Kroatien ist seit Mitte 2017 Teil des Schengen-Informationssystems, wodurch sich die Abfertigungszeiten an den Grenzen zu Slowenien bereits verkürzen. Auch Nicht-EU-Staaten gehören offiziell zum Schengener Abkommen oder wenden es an: Norwegen, Island, die Schweiz sowie die Mikrostaaten Liechtenstein, Andorra, Vatikanstadt, Monaco und San Marino.

Wegfall der Grenzkontrollen 2007 zwischen Deutschland und Polen

Das freie Reisen ohne Grenzkontrollen ist vor allem für diejenigen wichtig, die die nationalen Grenzen jeden Tag aus beruflichen Gründen überschreiten. Da gibt es Menschen, die in Deutschland wohnen und in den Niederlanden arbeiten, die in Belgien ihr Zuhause, aber in Luxemburg ihr Büro haben oder die jeden Tag die Öresund-Brücke zwischen Dänemark und Schweden überqueren, um so im Großraum Kopenhagen einen guten Job zu haben, aber im Raum Malmö günstiger wohnen zu können.

Die Grenzen in der Europäischen Union haben längst ihren trennenden Charakter verloren. Es wäre ein schwerer Rückschlag, wenn diese Errungenschaft in Frage gestellt würde, weil Staats- und Regierungschefs der EU meinen, ein weltweites Problem wie die Flüchtlingskrise durch Abschottung des eigenen Landes lösen zu können.

Es ist gerade das Europäische Parlament, das die Vertreterinnen und Vertreter der Mitgliedstaaten drängt, zu gemeinsamen und gemeinschaftlichen Lösungen zu kommen.

eur-lex.europa.eu/summary/glossary/schengen_agreement.html?locale=de

Grenzenlos arbeiten und leben

Niederlassungsfreiheit für alle Unionsbürgerinnen und -bürger

Die Europäische Union garantiert nicht nur kontrollfreies Reisen, sondern auch die **Niederlassungsfreiheit** in der gesamten EU. Jede Unionsbürgerin und jeder Unionsbürger kann prinzipiell innerhalb der Europäischen Union dort leben und arbeiten, wo ihr oder ihm das am besten gefällt.

Aber der Mensch besteht ja nicht nur aus Arbeit. Um im EU-Ausland gut leben zu können, ist es über den Arbeitsplatz hinaus wichtig, gleiche Rechte zu genießen wie die Bürgerinnen und Bürger dieses Staates auch, im Mietrecht beispielsweise oder bei der Bank. Die EU hat daher den **Raum der Freiheit, der Sicherheit und des Rechts** geschaffen, der den „EU-Ausländerinnen und -Ausländern" weitestgehend dieselben Rechte gewährt wie den Bürgerinnen und Bürgern des Gaststaates. Eine Ausnahme ist das nationale Wahlrecht, aber Unionsbürgerinnen und -bürger dürfen bei Kommunalwahlen in ihrem Gastland mitwählen.

www.europarl.europa.eu/atyourservice/de/displayFtu.html?ftuId=theme4.html

Und wenn die gemischt-nationale Ehe eines Paares, das vielleicht noch in einem Mitgliedstaat lebt, der weder für die eine noch für den anderen Heimat ist, kaputt geht, wie wird diese Ehe geschieden? Das Scheidungsrecht in den Mitgliedstaaten ist sehr unterschiedlich. Im Hinblick auf Unterhalt und Sorgerecht für die Kinder kann das von großer Bedeutung sein. Es gibt kein einheitliches EU-weites Scheidungsrecht, aber 15 Mitgliedstaaten haben sich auf ein Verfahren geeinigt, das klar festlegt, nach welchem Recht die Scheidung erfolgt. Dass also ein Ehepartner schneller ist als der andere und die Scheidung nach dem für ihn vorteilhaftesten Recht beantragt, ist daher nicht mehr möglich.

Allerdings konnten sich nicht alle Mitgliedstaaten darauf verständigen. So haben die 15 Staaten, darunter auch Deutschland, den Anfang gemacht. Dies nennt man **„verstärkte Zusammenarbeit"**. So etwas ist in den EU-Verträgen vorgesehen: Wenn einige mehr wollen, können sie das miteinander ins Werk setzen. Gerade in letzter Zeit, in der die Mitgliedstaaten sich in einigen grundlegenden Fragen nicht einig waren, wird über dieses Instrument der „verstärkten Zusammenarbeit" auch für andere Politikfelder nachgedacht.

Grenzenlos studieren

Bildungsraum Europa

Früher war es etwas ganz Besonderes, heute ist es schon eine Selbstverständlichkeit: Das Studieren im Ausland. Wenn man einen Teil seines Studiums in einem anderen Land absolviert, hat das viele Vorteile: Man lernt eine andere Sprache und Kultur kennen, man kommt mit jungen Menschen aus anderen Ländern zusammen und man schaut auch wissenschaftlich sozusagen über den Gartenzaun. Das ist für die eigene Qualifikation nur vorteilhaft.

Mit dem Erasmus-Programm (nun **Erasmus+**) hat die EU eine Möglichkeit geschaffen, recht leicht ein solches Auslandsstudium aufnehmen zu können. Neben der finanziellen Unterstützung, die die Studierenden erhalten, ist es vor allem die Hilfe beim bürokratischen Aufwand, die den Studentinnen und Studenten das Leben erleichtert.

Die Vielzahl von Scheinen in unterschiedlichen Formaten und mit unterschiedlichen Anforderungen sind sogenannten ECTS-Punkten gewichen (European Credit Transfer System). Dadurch wird eine Studienleistung in Stockholm mit der in Berlin vergleichbar und den Studierenden angerechnet. Sie verlieren also keine Zeit durch ihre Auslandssemester. Über 3,5 Millionen Studierende haben von dem Erasmus-Programm seit 1997 bereits Gebrauch gemacht.

Was viele nicht wissen: Erasmus+ gibt es auch für die berufliche Bildung. Wer eine berufliche Ausbildung zum Teil im Ausland absolvieren will, kann dies mithilfe des Programms tun.

Alle Informationen findet man unter:

www.erasmusplus.de

Es gibt einige Möglichkeiten, wie Schülerinnen und Schüler das Europäische Parlament kennenlernen und sich aktiv mit europäischen und EU-Themen beschäftigen können. Dazu gehören zum Beispiel:

Botschafterschulen für das Europäische Parlament

Seit 2015 baut das Verbindungsbüro des Europäischen Parlaments mit Schulen in ganz Deutschland ein Netzwerk von sogenannten Botschafterschulen auf. In einer Botschafterschule beschäftigen sich die Schülerinnen und Schüler ganz besonders mit Europa und der Europäischen Union und können mehrmals im Jahr an besonderen Botschafter-Veranstaltungen teilnehmen.
Zu den Aufgaben der sogenannten Juniorbotschafterinnen und -botschafter gehören die Betreuung der Europa-Informationsangebote der Schule und die Mitwirkung bei der Organisation von Projekttagen.

Der Austausch mit anderen europäischen Botschafterschulen wird auch durch regelmäßige Lehrerseminare in Brüssel ermöglicht.

So sollen Europa und die Europäische Union den Schülerinnen und Schülern durch mehr Austausch, persönliche Kontakte und eine partnerschaftliche Zusammenarbeit mit dem Europäischen Parlament näher gebracht werden.

Auch nicht zertifizierten Schulen kann die Teilnahme an Botschafterkonferenzen ermöglicht werden, damit sie das Projekt kennenlernen.

www.europarl.europa.eu/germany/de/jugend-und-schulen/botschafterschule-fuer-das-europaeische-parlament

Jugendforen

Wie funktionieren parlamentarische Zusammenhänge auf EU-Ebene? Was sind die Hürden für „mehr Europa"? Und warum kommt nicht jeder Vorschlag, der ein tolles Ziel unterstützt, auch durch?
Solche Fragen diskutieren Schülerinnen und Schüler im Alter von 17 bis 19 Jahren in den Landtagen der Bundesländer mit Abgeordneten des Europäischen Parlaments und der Landtage.
Während eines ganztägigen Jugendforums tauschen sich die Teilnehmerinnen und Teilnehmer in Ausschuss-Sitzungen über bestimmte EU-Themen aus und diskutieren ihre Positionen zu konkreten Fragen. Anschließend können die jungen Leute als geschulte „Experten" auf Augenhöhe mit den Abgeordneten diskutieren.

www.europarl.europa.eu/germany/de/jugend_schulen/jugendveranstaltungen/jugendforen.html

Euroscola in Straßburg

Euroscola-Programm

20 Mal im Jahr kommen rund 500 Schülerinnen und Schüler aus den 28 Mitgliedstaaten der EU für einen Tag im Europäischen Parlament in Straßburg zusammen. Sie diskutieren auf Englisch und Französisch über aktuelle politische Themen – dort, wo sonst europäische Politik gemacht wird. Schülergruppen aus Deutschland im Alter von 16 bis 19 Jahren können sich über den Euroscola-Wettbewerb des Verbindungsbüros des Europäischen Parlaments in Deutschland für die Teilnahme an diesem Programm qualifizieren.

www.europarl.europa.eu/euroscola/de/home.html

Simulationsspiele

In einem vom Europäischen Parlament angebotenen Simulationsspiel in Schulen zur Einwanderungs- und Asylpolitik schlüpfen Schülerinnen und Schüler in die Rolle von Europaabgeordneten oder vertreten einen Mitgliedstaat der EU im Rat. Sie erleben hautnah, wie politische Entscheidungen entstehen und dass es manchmal sehr schwierig sein kann, einen Kompromiss zu finden.

Gemeinsam diskutieren sie die zukünftige Rolle der EU im Hinblick auf die Migrationssituation, die Akzeptanz und Integration von Flüchtlingen, Asylbewerberinnen und -bewerbern.

An der Grenze abkassieren?

Steuern und Gebühren in der EU

Grenzen sind vor allem für die schön, die durch Intransparenz Geschäfte machen wollen. Das sind leider nicht nur gemeine Betrüger, sondern auch große Firmen, die denken, man könne den europäischen Bürger doch einmal schön zur Kasse bitten, wenn er seinen Fuß in ein anderes Land setzt – und sei es virtuell durch eine Internetbestellung.

Jahrelang waren die **Roaming-Gebühren** ein großes Thema in Europa. Wenn man mit seinem Mobiltelefon im Ausland war, wurde jedes Gespräch auf einmal sehr teuer. Wer die EU verlässt, kennt das noch heute. Das Europäische Parlament hat darauf hingewirkt, dass diese Roaming-Gebühren in der EU völlig abgeschafft wurden. Jahrelang wurde darüber auch mit den Mobilfunkfirmen gestritten. Im Oktober 2015 konnte das Europäische Parlament mitteilen, dass die Roaming-Gebühren zum 15. Juni 2017 fallen. Im April 2017 hieß es dann aus dem Europäischen Parlament: „Letztes Hindernis für die Abschaffung der Roaming-Gebühren beseitigt."

www.europarl.europa.eu/news/de/press-room/20170329IPR69066/letztes-hindernis-fur-abschaffung-der-roaming-gebuhren-beseitigt

Auch die Kreditkartenfirmen haben in der Vergangenheit hohe Gebühren verlangt, sobald man seine Kreditkarte im EU-Ausland einsetzte – selbst innerhalb des Eurogebiets. Diese Gebühren wurden von der EU beschränkt.

Die Europaabgeordneten haben 2015 einheitliche EU-weite Vorschriften zur **Deckelung von Kreditkartengebühren** verabschiedet. Mehr als 0,3 Prozent des Transaktionswerts dürfen die Kartenunternehmen nicht mehr von ihren Kundinnen und Kunden verlangen. Wer also im EU-Ausland 100 Euro mit der Kreditkarte bezahlt, hat maximal 30 Cent Kartengebühr zu befürchten.

Ärgerlich ist es, wenn Unternehmen sich die unterschiedlichen Steuersätze in der EU zunutze machen und die Leistungen zwischen ihren Tochterunternehmen so lange hin und her rechnen, bis ein Gewinn des gesamten Unternehmens nur dort anfällt, wo die Steuern am niedrigsten sind.

So ist die Europäische Kommission im August 2016 zu dem Ergebnis gelangt, dass Irland dem Unternehmen Apple unrechtmäßige Steuervergünstigungen von bis zu 13 Milliarden Euro gewährt hat. Dies ist nach den EU-Beihilfevorschriften unzulässig, weil Apple dadurch wesentlich weniger Steuern entrichten musste als andere Unternehmen.

Interessant in diesem Zusammenhang: Die Mehrheit des irischen Parlaments will das Geld nicht haben. Sie hat Sorge, den Konzern damit zu verärgern, den sie mit dem Angebot, nur niedrige Steuern zu verlangen, im Land hält.

Hier zeigt sich auch ein Problem der Europäischen Union: Es gibt keine Steuerharmonisierung. Dies führt gerade gegenüber großen Unternehmen zu einem Unterbietungswettbewerb: Eine Reihe von EU-Ländern wollen Unternehmen mit dem Versprechen niedriger Steuern bei sich ansiedeln. Sie sagen sich: Lieber weniger Steuern kassieren als gar keine. Das sorgt innerhalb der EU für viele Diskussionen und Auseinandersetzungen.

Sonderausschusssitzung in Brüssel

Das Europäische Parlament hat im Juli 2016 ein Maßnahmenpaket gegen Steuerhinterziehung gefordert. Anlass war der Bericht eines Sonderausschusses, den das Parlament eingesetzt hatte. Dieser hatte die Praxis großer Konzerne untersucht, durch das Ausweichen von einem EU-Land ins nächste Steuern zu vermeiden. Das Europäische Parlament forderte auch, dass sogenannte „Whistleblower", also Menschen, die solches Verhalten anzeigen, besser vor Verfolgung geschützt werden.

Bei diesen Steuervermeidungen zeigt sich aber auch ein Grundprinzip der Europäischen Union: Die EU kann nicht einfach einheitliche Steuersätze festlegen. Sie könnte das nur, wenn die Mitgliedstaaten einstimmig zustimmen. Von „Allmacht" ist die Europäische Union weit entfernt.

Aber da, wo die Mitgliedstaaten sie lassen, hat die Europäische Union durchaus Kompetenzen. Mit weltweit aktiven Konzernen wie Apple und Google kann die EU es natürlich leichter aufnehmen als ein einzelner Mitgliedstaat.

Und wer bezahlt das alles? Wir!
Stimmt. Aber „wir" – das sind alle Unionsbürgerinnen und -bürger

Der Haushalt der EU

Über den Haushalt der EU herrscht oft Unklarheit und das Lesen von Haushaltsplänen ist auch nicht jedermanns Sache.

Der Haushalt der EU 2018 beträgt 144,68 Milliarden Euro an sogenannten **Zahlungsermächtigungen**. Darüber hinaus ist die EU-Kommission ermächtigt, weitere finanzielle Zusagen (zum Beispiel für mehrjährige Programme) zu geben. Deshalb ist die Zahlenangabe für die **Verpflichtungsermächtigungen** in einem Jahr immer höher als die für die Zahlungen im selben Jahr. Die Verpflichtungsermächtigungen belaufen sich für das Jahr 2018 auf 160,11 Mrd. Euro. (Zum Vergleich: Der Bundeshaushalt 2017 umfasst circa 329 Mrd. Euro.)

Wieviel Geld der EU zur Verfügung stehen soll, entscheiden die Mitgliedstaaten im Rat der Europäischen Union, die EU kann es sich also nicht selbst genehmigen. Der Rat beschließt jeweils für sieben Jahre, nach Zustimmung des Europäischen Parlaments, einen **Mehrjährigen Finanzrahmen** (derzeit 2014 – 2020), so dass die EU Planungssicherheit hat. Der jährliche Haushaltsplan wird vom Rat zusammen mit dem Europäischen Parlament festgelegt.

Das Geld fließt der EU dann überwiegend aus drei Quellen zu:

1. Zöllen und Abschöpfungen, die Drittstaaten für ihre Produkte an den EU-Grenzen zahlen müssen,
2. einem Mehrwertsteueranteil sowie
3. einem Anteil am Bruttonationaleinkommen (BNE) der Mitgliedstaaten.[1]

1. Die Zölle, die beispielsweise im Hamburger oder Amsterdamer Hafen erhoben werden, wandern, nach Abzug einer Bearbeitungspauschale für die nationale Zollverwaltung, direkt in die EU-Kasse – wie die Produkte ja auch in der ganzen EU verkauft werden.

2. Der Mehrwertsteueranteil beträgt 0,3 Prozent auf der Basis einer einheitlich festgelegten Berechnungsgrundlage.

3. Der dann noch fehlende Betrag, immerhin über 72 Prozent des EU-Haushalts, wird als Anteil am BNE erhoben. Dieser darf höchstens 1,23 Prozent betragen, liegt tatsächlich aber darunter, nämlich bei rund einem Prozent. Es gibt noch ein paar Sonderregeln, um die übermäßige Belastung einzelner Staaten, übrigens auch Deutschlands, zu verhindern.

Eine hochrangige Expertengruppe hat Ende 2016 Vorschläge gemacht, wie die Finanzierung der EU auf neue Füße gestellt werden könnte. Eine Umsetzung dieser Vorschläge oder eines Teiles davon wird wohl mit der Verabschiedung des nächsten mehrjährigen Finanzrahmens, der ab 2021 gültig sein wird, erfolgen. Durch den Wegfall der Zahlungen des Vereinigten Königreichs, das mehr in den Haushalt eingezahlt als aus diesem erhalten hat, ist eine Revision des Systems ohnehin nötig.

ec.europa.eu/budget/mff/hlgor/library/reports-communication/hlgor-report_20170104.pdf

1 Das Bruttonationaleinkommen ist die Summe aller Waren und Dienstleistungen, die von den Bürgerinnen und Bürgern eines Landes in einem bestimmten Zeitraum (meistens innerhalb eines Jahres) hergestellt oder erbracht wurden.

EU-Haushalt 2018

Gesamt 144,68 Mrd. Euro

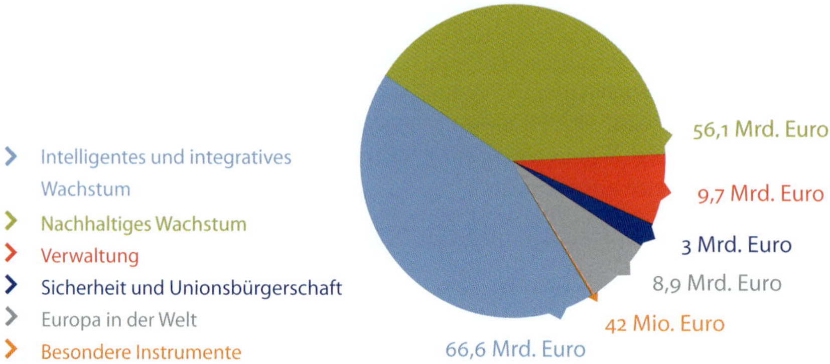

Jedes Land zahlt nach Größe und wirtschaftlicher Stärke in den Haushalt der EU ein. Der größte Teil des Geldes fließt in die Mitgliedstaaten zurück, und zwar vor allem im Rahmen der Strukturförderung und der Landwirtschaftspolitik.

- **66,6 Mrd. Euro** (46,1 Prozent des Gesamthaushalts) gibt die EU 2018 für **„intelligentes und integratives Wachstum"** aus, um so die Wettbewerbsfähigkeit der Regionen zu fördern und Arbeitsplätze zu schaffen.

- Weitere **56,1 Mrd. Euro** (38,8 Prozent des Gesamthaushalts) fließen in den Bereich **Nachhaltiges Wachstum: natürliche Ressourcen** (Agrarpolitik und Förderung des ländlichen Raums).

- Für die eigene **Verwaltung** gibt die EU **9,7 Mrd. Euro** aus, das sind 6,7 Prozent. Diese Zahl wird meistens viel höher geschätzt.

- Weitere Ausgaben sind: **3 Mrd. Euro** für **Sicherheit und Unionsbürgerschaft** (Justiz- und Innenpolitik) (2,1 Prozent) und **8,9 Mrd. Euro** (6,2 Prozent) für den Bereich **Europa in der Welt** (Außenpolitik). Darin eingeschlossen ist auch die humanitäre Hilfe, die die EU anderen beispielsweise bei Erdbeben oder Dürrekatastrophen leistet. **42 Mio. Euro** werden für **besondere Instrumente** ausgegeben (0,03 Prozent).

www.ec.europa.eu/budget/index_de.cfm

Ein Dauerbrenner ist die Nettozahlerdebatte. Wie dargestellt zahlen die Mitgliedstaaten Geld an die EU und diese gibt es im Rahmen bestimmter Politiken an die Mitgliedstaaten zurück. Die beiden großen Brocken sind Struktur- und Agrarpolitik. Davon profitieren alle Mitgliedstaaten, auch Deutschland.

Aber wer ärmer ist oder wessen Volkswirtschaft stärker durch die Landwirtschaft geprägt ist, der erhält mehr als andere, denen es besser geht und bei denen die Agrarwirtschaft eine geringere Rolle spielt. So kommt es, dass nicht jedes Land so viel aus Brüssel zurückbekommt, wie es in die Kasse einzahlt. Das wäre ja auch ein sinnloses Verfahren.

Man stelle sich einen Sportverein vor, in dem alle Mitglieder einen an ihr Einkommen gekoppelten Beitrag bezahlen. Nun betreibt der Verein eine intensive Kinder- und Jugendförderung. Die Mitglieder, die mehrere Kinder im Verein haben, profitieren davon stärker als die, die nur ein Kind in den Club mitbringen. Das ist das Wesen der Nettozahlungen.

Deutschland ist der größte Nettozahler. Das stimmt aber nur, wenn man die absoluten Zahlen sieht, da haben die Deutschen im Jahr 2015 14,3 Mrd. Euro mehr in die EU-Kasse gelegt, als sie unmittelbar daraus zurück erhalten haben. Deutschland ist der größte Mitgliedstaat der EU, daher die hohe Summe.

www.europarl.europa.eu/external/html/budgetataglance/default_de.html#germany

Pro Kopf der Bevölkerung zahlten 2015 allerdings die Niederländer am meisten, Platz zwei hielt Schweden und erst dann kam Deutschland. Nicht enthalten in der Nettorechnung sind natürlich indirekte Vorteile. Wenn ein Land Strukturmittel erhält, um beispielsweise einen Flughafen auszubauen und die Aufträge an deutsche Unternehmen gehen, profitiert Deutschland indirekt, ohne dass das in der Statistik deutlich wird.

Auf den vorangegangen Seiten waren Bereiche aufgeführt, in denen die EU unmittelbar unser Leben berührt. Im Folgenden sollen einige Politikfelder, die derzeit besonders im Fokus stehen, näher beleuchtet werden. Zudem werden die einzelnen Organe und Institutionen in der EU und was sie entscheiden, wie sie aufgestellt sind und zusammenarbeiten vorgestellt und erläutert. Auch die Diskussion über die Zukunft der EU sowie der „Brexit" werden thematisiert. Und nicht zuletzt soll die Frage beantwortet werden, wie Sie in der EU mitentscheiden können.

Wenn 28 Staaten auf eine Herausforderung eine gemeinsame Antwort suchen, ist immer klar, dass dies zu Auseinandersetzungen führt und schließlich Kompromisse geschlossen werden müssen. Neu im Umgang mit der Flüchtlingskrise ist, dass einige Länder sich einer gemeinschaftlichen Lösung völlig oder weitgehend verweigern. Bei einem informellen Gipfel der Staats- und Regierungschefs im September 2016 in der slowakischen Hauptstadt Bratislava, an dem das Vereinigte Königreich nicht mehr teilnahm, wurde zwar der Wille beschworen, das Problem gemeinsam anzupacken. Tatsächlich gelang dies jedoch nicht. Die Staaten, die sich einer gemeinschaftlichen Lösung verweigern, boten lediglich eine „flexible Solidarität" an.

Die Slowakei und Ungarn klagten gegen den Beschluss der EU-Innenminister, diese Umsiedlung und den Verteilschlüssel festzulegen, vor dem Europäischen Gerichtshof (EuGH). Auch nach dem Urteil des EuGH im September 2017, dass der Beschluss rechtmäßig war, äußerten sich die slowakische und die ungarische Regierung weiterhin kritisch.

Aus dem Europäischen Parlament wird immer wieder darauf gedrängt, zu gemeinsamen Lösungen zu kommen und auch die bereits getroffenen Beschlüsse zügig umzusetzen.

So tritt das Europäische Parlament für eine grundlegende Reform des Dublin-Systems ein und fordert, die Grenzkontrollen zu verschärfen. Die Europaabgeordneten fordern auch klare Regeln, um reguläre Migrantinnen und Migranten von Flüchtlingen zu unterscheiden. Die faire und gleiche Behandlung von Asylsuchenden in allen Mitgliedstaaten soll gewährleistet werden. Auch muss nach Auffassung des EP dafür Sorge getragen werden, dass alle Mitgliedstaaten „ihren fairen Beitrag zur Bewältigung der Krise leisten".

Schnelle Erfolge sind hier aber nicht in Sicht. Allerdings haben die Staats- und Regierungschefs in der **„Erklärung von Bratislava"** beschlossen, den Grenzschutz auszubauen, verstärkt mit Drittstaaten zusammenzuarbeiten, um Migrationsbewegungen einzudämmen, und sich weiterhin um einen Konsens in der Flüchtlingsfrage zu bemühen.

„Die EU ist zwar nicht fehlerfrei, doch ist sie das beste Instrument, über das wir verfügen, um die neuen vor uns stehenden Herausforderungen zu bewältigen. Wir benötigen die EU, um nicht nur Frieden und Demokratie, sondern auch die Sicherheit unserer Bürger zu gewährleisten. Wir benötigen die EU, um ihren Bedürfnissen besser zu genügen, ihrem Wunsch, frei zu leben, zu studieren, zu arbeiten, zu reisen und zu Wohlstand zu gelangen, besser zu entsprechen und um Nutzen aus dem reichen kulturellen Erbe Europas zu ziehen."

Aus der Erklärung von Bratislava, die die teilnehmenden 27 Staats- und Regierungschefs verabschiedet haben.

Mittlerweile ist eine grundsätzliche Diskussion über die Zukunft der EU entbrannt, die an anderer Stelle in dieser Broschüre noch aufgegriffen wird.

ec.europa.eu/priorities/migration_de

www.europarl.europa.eu/news/de/top-stories/20150831TST91035/migration-eine-gemeinsame-herausforderung

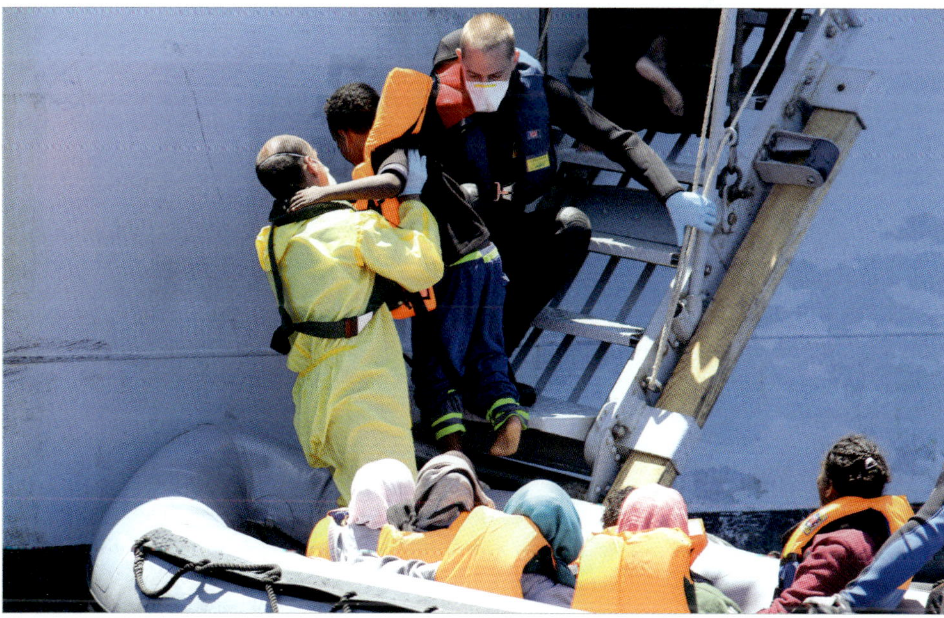

Währungsraum Europa

Euro und Finanzkrise in der EU

Die Währung der Europäischen Union ist der Euro. So steht es im Vertrag über die Europäische Union. Der **Euro** wurde **1999** geschaffen, mittlerweile ist er das Zahlungsmittel in 19 Mitgliedstaaten.

Der Euro war eine Reaktion auf die Veränderungen in Europa, die deutsche Wiedervereinigung, den Zusammenbruch der Sowjetunion und die zahlreichen Bewerbungen um eine EU-Mitgliedschaft. Er war immer auch als politisches Instrument gedacht, um die größer werdende Europäische Union im neuen Jahrtausend zusammenzuhalten.

Dabei war allen klar, dass die Euro-Staaten keinen „optimalen Währungsraum" bildeten, wie die Wissenschaft ihn definiert hatte. Die ökonomischen Bedingungen in den einzelnen Ländern waren sehr unterschiedlich.

Deshalb hatte man mit dem Vertrag über den Euro, der in Maastricht 1993 geschlossen wurde, auch einen **Stabilitäts- und Wachstumspakt** auf die Schiene gesetzt. Mit diesem Abkommen verpflichteten sich die Teilnehmerstaaten dazu, ihr jährliches Defizit sowie ihre Gesamtschulden in bestimmten Grenzen zu halten und gleichzeitig Maßnahmen zu ergreifen, die Produktivität ihrer Volkswirtschaft zu erhöhen. Allerdings geschah dies nicht in allen Ländern.

Harte Bewährungsproben hat die Eurogruppe seit Ende 2009 zu bestehen, nachdem an den internationalen Finanzmärkten die Bonität Griechenlands in kurzer Zeit herabgestuft wurde. Als im Zuge der drohenden Zahlungsunfähigkeit Griechenlands Zweifel an der Bonität weiterer Euroländer aufkamen, beschlossen im Mai 2010 die Mitgliedstaaten einen auf drei Jahre angelegten provisorischen Stabilitätsmechanismus (**Europäische Finanz-Stabilisierungs-Fazilität** – EFSF) für die Euroländer einzurichten. Er konnte Garantien bis in Höhe von **780 Mrd. Euro** für überschuldete Mitgliedstaaten und Hilfskredite von bis zu maximal 440 Mrd. Euro bereitstellen. Die Mittel wurden nicht von den Mitgliedstaaten eingezahlt, sondern am Kapitalmarkt von einer Zweckgesellschaft der Eurostaaten aufgenommen, zu am Markt bezahlten Zinsen an das jeweilige Krisenland weitergeleitet und von den Euroländern gemeinschaftlich verbürgt.

Im Gefolge der Griechenland-Krise schlitterten auch andere Staaten (Irland, Portugal, Spanien, Zypern) in Schwierigkeiten, sodass die Eurostaaten einen dauerhaften Rettungsschirm schaffen mussten. Das ist der sogenannte **Europäische Stabilitäts-Mechanismus** (ESM), in dem die Länder der Währungsunion **700 Mrd. Euro** garantiert haben, um betroffenen Ländern gegen harte Auflagen durch Kredite aus der Notlage zu helfen. Irland, Portugal, Spanien und Zypern konnten den Rettungsschirm mittlerweile wieder verlassen.

Mehr Informationen zu EFSF und ESM (auf Englisch):

www.esm.europa.eu

Darüber hinaus ergriff die Eurozone weitere Maßnahmen, die durch vom Europäischen Parlament mit beschlossene Gesetzesakte die Stabilität des Währungsraums verbesserten. So wurde ein **„Europäisches Semester“** festgelegt, das dazu dient, nationale Haushaltsentwürfe schon vorab daraufhin zu überprüfen, ob sie den Vorgaben, die gemeinsam beschlossen wurden, entsprechen. Es wurden auch Sanktionen vereinbart, falls sich ein Mitgliedstaat nicht an die Schuldengrenze hält.

ec.europa.eu/info/business-economy-euro/economic-and-fiscal-policy-coordination/eu-economic-governance-monitoring-prevention-correction/european-semester_de

Eine **„Bankenunion“** stellt sicher, dass die Banken in einer erneuten Krise besser gewappnet sind und nicht durch Hilfsgelder gerettet werden müssen, wie das in der Finanzkrise von 2009 bis 2011 der Fall war. Vor allem Irland war in Schwierigkeiten geraten, weil es seine Banken retten musste, aber auch in Deutschland erhielten einige Banken hohe Summen, um im Geschäft bleiben zu können. Das soll es in Zukunft nicht mehr geben. Allerdings wurden 2017 in Italien noch einmal zwei Banken mit mehreren Milliarden Euro vor der Pleite bewahrt. Die italienische Regierung hatte Angst, bei einer Insolvenz der Banken würde die gesamte Wirtschaft in Mitleidenschaft gezogen.

www.europarl.europa.eu/atyourservice/de/displayFtu.html%3FftuId%3DFTU_4.2.4.html

Wenn ein Land weniger Schulden machen kann und mehr Schulden zurückzahlen muss, sind natürlich die Mittel, die für die Staatsfinanzen und für die Gesellschaft zur Verfügung stehen, begrenzt. Die „Austeritätspolitik“ hat in den betroffenen Staaten zu Steuererhöhungen und Rentenkürzungen, zu Entlassungen im öffentlichen Dienst und zu Einschränkungen beispielsweise im Gesundheitssystem geführt. Viele Menschen in Griechenland, in Portugal oder in Spanien protestieren gegen diese Politik und fordern einen Kurswechsel.

Auf der anderen Seite gibt es in den Staaten, die wirtschaftlich stärker und stabiler sind, die Angst, für Schulden der anderen einstehen zu müssen. Dies führt beispielsweise in Deutschland, den Niederlanden oder auch in Finnland zu erhöhtem politischen Druck, die Austeritätspolitik auf jeden Fall durchzusetzen und Kreditzusagen des Rettungsschirms an strikte Reformauflagen zu binden.

Das Europäische Parlament ist der Ort, an dem die verschiedenen Auffassungen aufeinander treffen, da ihm Abgeordnete aus allen Ländern und allen politischen Richtungen angehören. Das Europäische Parlament achtet daher darauf, dass die verschiedenen Ansätze zusammengefasst werden, dass das Programm für zusätzliche Investitionen (der sogenannte **Juncker-Plan**) zügig umgesetzt wird und die Währungsunion so zum Nutzen der Bürgerinnen und Bürger stabilisiert wird.

Nicht nur der Präsident der Europäischen Kommission, sondern auch der Präsident der Europäischen Zentralbank muss dem Europäischen Parlament regelmäßig Bericht erstatten.

Über die Probleme darf man allerdings die Erfolge nicht übersehen: Der Euro ist eine weltweit geachtete Währung, die sowohl in ihrem Wechselkurs beispielsweise zum US-Dollar als auch im Inneren stabil ist. Die Inflationsrate im Euro-Raum ist äußerst gering, ja sie ist sogar niedriger als die Europäische Zentralbank sie gerne hätte.

Verleihung des Europäischen Bürgerpreises 2017 in Berlin

Der Europäische Bürgerpreis

Mit dem Europäischen Bürgerpreis ehrt das Europäische Parlament jedes Jahr engagierte Einzelpersonen, Organisationen und Vereine, die das gegenseitige Verständnis und die Integration innerhalb Europas fördern. 2017 gab es europaweit 49 Preisträgerinnen und Preisträger, darunter auch vier aus Deutschland:

> **Pulse of Europe** ist eine 2016 gegründete überparteiliche, überkonfessionelle und unabhängige Bürgerinitiative. In vielen europäischen Städten kommen sonntags tausende Menschen zu proeuropäischen öffentlichen Kundgebungen zusammen. Sie demonstrieren für die Europäische Idee und ein friedliches, gerechtes und geeintes Europa.

> Der Verein **Bürger Europas** steht seit mehr als 15 Jahren in Deutschland und europaweit im aktiven Dialog mit Bürgerinnen und Bürgern zum Thema Europa. Mit ihrem aktuellen Europaquiz „Wer wird Europameister?" wurde ein innovatives, unterhaltsames und bürgernahes Format entwickelt, um den europapolitischen Dialog mit allen Generationen zu führen.

> **Herta Hoffmann**, ehemalige Lehrerin für Deutsch und Geschichte am Max-Planck-Gymnasium in Delmenhorst, engagierte sich über Jahrzehnte im Bereich der Europabildung. Als Europakoordinatorin initiierte sie zahlreiche Projekte im Rahmen der EU-Bildungsprogramme SOKRATES und Erasmus+ und organisierte Schülerbegegnungen mit vielen europäischen Schulen.

> Die **Junge Aktion**, der Jugendverband der **Ackermann-Gemeinde**, setzt sich mit großem Engagement, ehrenamtlichem Einsatz und Kreativität für Frieden und Versöhnung und eine gute Nachbarschaft zwischen Deutschland, der Tschechischen Republik, der Slowakei und anderen östlichen EU-Mitgliedstaaten ein. Mit einer Vielzahl von Aktionen begeistert die Junge Aktion der Ackermann-Gemeinde junge Menschen für Europa.

www.europarl.europa.eu/germany/de/aktuell/europ%C3%A4ischer-b%C3%BCrgerpreis

Krieg und Frieden

Außen- und Sicherheitspolitik der Europäischen Union

Die Europäische Union wurde nach dem Zweiten Weltkrieg gegründet, um Frieden zwischen den beteiligten Staaten zu schaffen. In der Tat schauen wir in der EU nun auf die längste Friedensperiode in der Geschichte zurück.

Allerdings bedeutet dies nicht, dass es weltweit keinen Krieg mehr als Mittel der Auseinandersetzung gibt. So herrscht zum Beispiel in Europas Nachbarschaft im Nahen Osten seit Jahren ein Krieg, der bereits hunderttausende Tote gefordert hat und Millionen Menschen aus ihrer Heimat fliehen lässt. Auch an der südöstlichen Grenze der Ukraine, mit der die EU einen weitgehenden Assoziierungsvertrag geschlossen hat, sterben Menschen durch militärische Auseinandersetzungen. In einer Reihe von Entschließungen zur Ukraine hat das Europäische Parlament die rechtswidrige Annexion der Krim durch Russland sowie die Rolle Russlands bei der Destabilisierung des Ostens der Ukraine verurteilt.

Die Europäische Union muss mit ihrer Außenpolitik darauf hinwirken, Stabilität zu schaffen und zu erreichen, dass kriegerische Auseinandersetzungen zu einem Ende kommen und Menschen in ihrer angestammten Heimat leben können.

Mit dem Vertrag von Lissabon hat die Europäische Union ihre **Gemeinsame Außen- und Sicherheitspolitik** (GASP) deutlich verstärkt, um Einfluss auf das Weltgeschehen, vor allem in den an Europa angrenzenden Regionen, nehmen zu können.

Ihr Ziel ist es, den Frieden zu erhalten und die internationale Sicherheit im Einklang mit den Grundsätzen der Charta der Vereinten Nationen zu stärken.

Wo Fragen der Außen- und Sicherheitspolitik den Kernbereich nationaler Souveränität betreffen, kann die EU keine Gesetzgebung für die GASP erlassen. Der Europäische Rat und der Rat können jedoch Beschlüsse über strategische Ziele und Interessen der EU, EU-Aktionen und EU-Standpunkte sowie deren Durchführung fassen. So soll das außen- und sicherheitspolitische Handeln der Mitgliedstaaten koordiniert werden, sodass die EU gegenüber Drittstaaten einheitlich auftreten kann.

europa.eu/european-union/topics/foreign-security-policy_de

Die Europäische Union sieht sich nicht als Militärmacht und greift daher z.B. nicht militärisch in den Syrien-Konflikt ein, sondern versucht hier, Frieden oder zumindest einen Waffenstillstand zu vermitteln. Auf Russland bemüht sie sich, mit wirtschaftlichen Sanktionen einzuwirken, damit die Russische Föderation die Annexion der Krim, die ukrainisches Staatsgebiet ist, rückgängig macht sowie sich an das Minsker Abkommen hält, mit dem im Südosten der Ukraine ein dauerhafter Waffenstillstand und eine politische Klärung der Lage geschaffen werden sollen.

Angesichts der vielen Herausforderungen forderten die Staats- und Regierungschefs der 27 teilnehmenden Mitgliedstaaten in ihrer Erklärung von Bratislava vom September 2016, dass die Zusammenarbeit im Bereich externe Sicherheit und Verteidigung verstärkt werden sollte. Im Jahr 2017 wurden daraus Konsequenzen gezogen. Für die militärische Zusammenarbeit wurde Mitte November 2017 eine **Ständige Strukturierte Zusammenarbeit** ins Leben gerufen, an der 23 Mitgliedstaaten teilnehmen. Sie wollen ihre Rüstungsvorhaben stärker koordinieren und militärisch stärker zusammenarbeiten. Auch Deutschland nimmt an dieser Zusammenarbeit teil.

Eine solche Ständige Strukturierte Zusammenarbeit, also eine Kooperation, bei der nicht alle Mitgliedstaaten mitmachen müssen, ist im Vertrag über die Europäische Union in Art. 42 ausdrücklich vorgesehen. Im militärischen Bereich wird also eine dauerhaft abgestufte Integration geschaffen.

Treffen des Rates für Auswärtige Angelegenheiten der EU im November 2017

Wie das im Einzelnen geschehen soll, ist Gegenstand der Erweiterungsverhandlungen, die derzeit schon mit Montenegro und Serbien begonnen haben. Das Europäische Parlament muss jedem Beitrittsvertrag zustimmen, sonst kann dieser nicht in Kraft treten. Sobald ein Land dann Mitglied der EU geworden ist, entsendet es auch Abgeordnete ins Europäische Parlament und nimmt zukünftig an der Wahl zum EP teil.

Zu den EU-Beitrittskandidaten gehört auch die Türkei, mit der die Beitrittsverhandlungen 2005 begannen. Im November 2016 sprach sich das Europäische Parlament in einer Entschließung jedoch dafür aus, die Beitrittsgespräche „vorübergehend auszusetzen", bis die „unverhältnismäßig repressiven Maßnahmen", die in Ankara seit dem gescheiterten Militärputsch im Juli 2016 ergriffen wurden, aufhören.

ec.europa.eu/neighbourhood-enlargement/about/local_de

Goodbye United Kingdom

Der „Brexit"

Am 23. Juni 2016 fand im Vereinigten Königreich ein Referendum statt, in dem 51,9 % derer, die sich daran beteiligten, dafür stimmten, dass ihr Land die Europäische Union verlässt. Man spricht in diesem Zusammenhang vom „Brexit", einem Kunstwort aus (Groß-)Britannien und „exit", dem englischen Wort für „Ausgang" oder auch „verlassen".

Es ist das erste Mal, dass ein Mitglied die Union verlassen will. Allerdings hat sich das Vereinigte Königreich schon in den letzten Verträgen immer ausbedungen, nicht an allen Politiken teilnehmen zu müssen. So ist das Vereinigte Königreich weder Teil der Währungsunion, noch des Schengen-Systems. Und auch in der Rechts- und Innenpolitik gelten für das Land viele Ausnahmen.

Die anderen 27 Mitgliedstaaten können den britischen Austrittswunsch nur respektieren, eine Veto-Möglichkeit haben sie nicht. Das Europäische Parlament bedauert, aber respektiert diese Entscheidung des Vereinigten Königreichs.

Seit dem Inkrafttreten des Vertrags von Lissabon ist ein Austritt aus der EU möglich, das ist in Artikel 50 des EU-Vertrags festgelegt. Das austrittswillige Land muss seinen Wunsch, die Union zu verlassen, den anderen mitteilen. Dann läuft eine Zweijahresfrist, innerhalb derer die Austrittsmodalitäten sowie das zukünftige Verhältnis dieses Landes mit der EU geregelt werden sollen.

Da der Brexit der erste Fall dieser Art ist, gibt es auch keinerlei Erfahrungen, wie mit einem solchen Austrittswunsch umzugehen ist.

Ein Dreivierteljahr nach dem Referendum, am 29. März 2017 hat das Vereinigte Königreich seinen Austrittswunsch dem Europäischen Rat gegenüber schriftlich geäußert. Seitdem tickt die Uhr.

Im April 2017 verabschiedete der Europäische Rat, in dem die Staats- und Regierungschefs aller EU-Mitgliedstaaten vertreten sind, seine politischen Leitlinien, Standpunkte und Grundsätze für die anstehenden Verhandlungen. Der ehemalige französische Kommissar Michel Barnier vertritt als Chefunterhändler die 27 EU-Mitgliedstaaten. Auf der britischen Seite werden die Verhandlungen vom Brexit-Minister David Davis geführt.

Das Europäische Parlament hat den belgischen Europaabgeordneten Guy Verhofstadt zum Brexit-Koordinator des EP ernannt.

Dem Austrittsabkommen der EU mit dem Vereinigten Königreich muss auch das Europäische Parlament zustimmen.

David Davis (links) und Michel Barnier (rechts)

Tatsächlich ist der Austritt aus der EU eine komplizierte Sache. Viele Gesetze und Bestimmungen, die das Leben auch im Vereinigten Königreich regeln, sind EU-Recht und müssen jetzt in britisches Recht überführt werden, damit die Bürgerinnen und Bürger nicht plötzlich im rechtlosen Raum leben. Für die EU sind im Zusammenhang mit dem Austritt vor allem drei Punkte von großer Bedeutung.

1. Da ist zum einen die Stellung der Unionsbürgerinnen und -bürger, die jetzt schon im Vereinigten Königreich leben und die ihre Lebensentscheidung natürlich unter den Annahmen des Binnenmarkts, der Niederlassungsfreiheit und der Gleichstellung als Unionsbürger getroffen haben. Dürfen sie auch nach dem Austritt des Vereinigten Königreichs dort bleiben? Genießen sie weiterhin die gleichen Rechte wie die Britinnen und Briten, haben sie beispielsweise gleichen Zugang zu Sozial- und Gesundheitsleistungen? Immerhin handelt es sich hier um eine Gruppe von über 3,2 Mio. Bürgerinnen und Bürgern. Die gleichen Fragen stellen sich auch umgekehrt für die Britinnen und Briten, die in einem anderen EU-Land leben. Ihre Zahl wird auf ca. 1,2 Mio. geschätzt.

2. Der zweite große Streitpunkt im „Scheidungsverfahren" ist das Geld. Es gibt eine Reihe von Verpflichtungen, die über das Austrittsdatum hinaus laufen. Das geht von Pensionszahlungen an ehemalige Mitarbeiterinnen und Mitarbeiter der EU-Institutionen bis zu eingegangenen Verpflichtungen der EU, die das Vereinigte Königreich zusammen mit den anderen 27 Mitgliedstaaten im sogenannten mehrjährigen Finanzrahmen für 2014 – 2020 festgelegt hat, die aber noch nicht „kassenwirksam" geworden sind. Welcher Betrag gezahlt werden soll, ist im Vereinigten Königreich innenpolitisch umstritten. Einige Politiker dort vertreten die Auffassung, das Vereinigte Königreich solle gar nichts mehr zahlen. Hier gibt es also noch einigen Zündstoff.

3. Eine schwierige Frage ist auch das künftige Verhältnis des Vereinigten Königreichs zur Republik Irland. Nordirland ist Teil des Vereinigten Königreichs. Bisher gibt es auf der irischen Insel – nach langen Jahrzehnten zum Teil blutiger Konflikte – ein enges Miteinander. Waren

und Personen überqueren die Grenze ohne Kontrollen und Einschränkungen. Wenn die irisch-nordirische Grenze nun auf einmal zu einer Außengrenze der EU und ihres Binnenmarktes wird, greift das in das Leben vieler Menschen und in das wirtschaftliche Geschehen stark ein. Wenn man das vermeiden will, müssen auch hier Regelungen ausgehandelt werden.

Auch wenn die Verhandlungen über das zukünftige Verhältnis des Vereinigten Königreichs zur Europäischen Union erst später auf die Tagesordnung gesetzt werden sollen, spielt es natürlich schon in die Diskussionen mit hinein. Schließlich haben beide Seiten Interesse an einem guten und engen Verhältnis zwischen der Europäischen Union und diesem großen und wichtigen europäischen Staat. Während die Briten gerne den Austritt und das neue Verhältnis zur EU gleichzeitig verhandelt hätten, hat die EU darauf bestanden, zuerst die Modalitäten des Austritts festzulegen und danach darüber zu sprechen, wie man sich künftig begegnen will.

Das Europäische Parlament unterstützt diese Verhandlungsstrategie. In ihren Entschließungen vom April und Oktober 2017 haben die Europaabgeordneten betont, dass die gleichen Rechte für Unionsbürgerinnen und -bürger, die im Vereinigten Königreich leben, wie auch für britische Staatsbürger, die in der EU leben, sichergestellt werden müssen. Ebenso müsse das Vereinigte Königreich, das bis zum offiziellen Austritt EU-Mitgliedstaat bleibt, alle Rechte und Pflichten aus dieser Mitgliedschaft erfüllen, auch die finanziellen Verpflichtungen. Eine Rosinenpickerei darf es nicht geben.
Damit ist gemeint, dass das Abkommen für beide Seiten fair und akzeptabel sein muss und dass das Vereinigte Königreich nicht alle Vorteile der EU genießen und gleichzeitig daraus entstehende Verpflichtungen ablehnen kann.

Sollte man sich so zerstreiten, dass überhaupt kein Vertrag zustande kommt, wäre das Vereinigte Königreich nach Ablauf der Zweijahresfrist auch ohne Austrittsabkommen nicht mehr Mitglied der EU.

ec.europa.eu/commission/brexit negotiations_de

www.europarl.europa.eu/sides/getDoc.do?pubRef=-//EP//TEXT+TA+P8-TA-2017-0361+0+DOC+XML+V0//DE&language=DE

Union mit Zukunft – aber mit welcher?

Szenarien zur Weiterentwicklung der Europäischen Union

Der Brexit, die Flüchtlingsfrage und die Zukunft des gemeinsamen Währungsraums sind nicht die einzigen Herausforderungen, vor denen die Europäische Union steht.

Die Europäische Kommission hat durch ein am 1. März 2017 veröffentlichtes sogenanntes **Weißbuch** die Debatte **über die Zukunft der Europäischen Union** in die breite Öffentlichkeit getragen. Das Weißbuch nennt fünf Szenarien, wie es weitergehen könnte:

1. Wir machen so weiter wie bisher
2. Wir konzentrieren uns auf den Binnenmarkt
3. Die, die mehr tun wollen, tun das
4. Wir machen weniger, aber das richtig
5. Wir machen alle gemeinsam mehr

Der Sinn dieses Weißbuches war nicht, über die Szenarien abzustimmen, sondern verschiedene Entwicklungslinien deutlich zu machen, damit die Bürgerinnen und Bürger sich darüber klar (und möglichst einig) werden, wie sie die Europäische Union im 21. Jahrhundert aufstellen wollen.

Der Präsident der Europäischen Kommission, Jean-Claude Juncker hat in seiner jährlichen Grundsatzrede zum Zustand der Europäischen Union vor dem Europäischen Parlament am 13. September deutlich gemacht, dass er die Europäische Union stärken wolle. Seine Vorschläge beschrieb er als ein „sechstes Szenario". Sie zielen einerseits auf die Vollendung der Währungsunion durch die Aufnahme der noch fehlenden Mitglieder. Andererseits möchte der Präsident der Europäischen Kommission auch den Schengen-Raum durch Kroatien, Bulgarien und Rumänien erweitern. Jean-Claude Juncker sprach sich darüber hinaus für einen Europäischen Wirtschafts- und Finanzminister aus, der positive Strukturreformen in den Mitgliedstaaten unterstützen solle. Wörtlich sagte der Kommissionspräsident:

„Zehn Jahre nach Ausbruch der Krise lebt die europäische Wirtschaft endlich wieder auf. Und damit auch unsere Zuversicht und unser Vertrauen. Die Staats- und Regierungschefs unserer EU der 27, das Parlament und die Kommission machen unsere Union wieder europäisch. Zusammen machen wir aus unserer Union wieder eine Union."

Zu der Frage, wie es gelingen könnte, alle Mitgliedstaaten in diese Vorstellungen einzubeziehen, äußerte Juncker sich nicht.

Im Europäischen Parlament, vor dem der Kommissionspräsident das Weißbuch vorgestellt hatte, wurden die Vorschläge kritisch und kontrovers diskutiert. Da wurde einerseits bemängelt, dass Juncker überhaupt fünf Szenarien dargeboten hätte, während es doch nur eines, nämlich gemeinsam stärker zusammenzuarbeiten, geben könne, während von anderer Seite die Frage gestellt wurde, wie es gelingen könne, die Staats- und Regierungschefs von den Reformnotwendigkeiten zu überzeugen. Wieder andere Abgeordnete forderten, die EU möge sich auf einige wenige Politikbereiche konzentrieren. Der Präsident des Europäischen Parlaments, Antonio Tajani, sprach sich dafür aus, **„den Bürgern besser zuzuhören, um ihren Anliegen Rechnung zu tragen."**

In der „Erklärung von Rom", die die 27 Staats- und Regierungschefs (ohne die britische Premierministerin) anlässlich des 60. Jahrestags der Römischen Verträge am 25. März 2017 abgegeben haben heißt es zur Zukunft der EU:

„Wir werden die Europäische Union durch noch mehr Einheit und Solidarität untereinander und die Achtung gemeinsamer Regeln stärker und widerstandsfähiger machen. Einheit ist zugleich eine Notwendigkeit und unsere freie Entscheidung. Einzeln würden wir durch die globale Dynamik an den Rand gedrängt. Zusammenhalt gibt uns die beste Chance, auf diese Dynamik Einfluss zu nehmen und unsere gemeinsamen Interessen und Werte zu verteidigen. Wir werden gemeinsam – wenn nötig mit unterschiedlicher Gangart und Intensität – handeln, während wir uns in dieselbe Richtung bewegen, so wie wir es schon in der Vergangenheit getan haben: dies wird im Einklang mit den Verträgen geschehen, und die Tür wird allen offen stehen, die sich später anschließen möchten. Unsere Union ist ungeteilt und unteilbar."

Bis Mai/Juni 2019, wenn das Europäische Parlament bei der Europawahl neu gewählt wird, soll klar sein, wohin die Zukunftsreise der Europäischen Union geht. Das kann aber nicht in einer zweitägigen Konferenz der Staats- und Regierungschefs entschieden werden, sondern nur in intensiven Diskussionen in den Mitgliedstaaten und mit dem Europäischen Parlament. Sollte es zu einer differenzierten Integration kommen, muss jedes Land für sich entscheiden, ob es dem inneren Kreis intensiver Integration angehören oder in einem äußeren Kreis mit weniger Integrationsverpflichtungen seinen Platz finden möchte.

ec.europa.eu/commission/sites/beta-political/files/weissbuch_zur_zukunft_europas_de.pdf

Besinnung auf die eigenen Stärken im globalen Wettbewerb

Das Programm Europa 2020

Über die aktuellen Auseinandersetzungen, die die europäische Diskussion bestimmen, wird oft vergessen, was die EU für ihre Mitglieder leistet. Der globale Wettbewerb ist wesentlich schärfer geworden, die Zeiten, in denen Europa das Weltgeschehen bestimmt hat, sind lange vorbei. Wir werden die Globalisierung nur mitbestimmen und -gestalten können, wenn wir einerseits einheitlich auftreten und wenn wir andererseits konkurrenzfähig sind, ohne unsere eigenen Werte und Standards aufzugeben.

Der Verbesserung der wirtschaftlichen Situation dient das Programm **„Europa 2020"**, mit dem die Europäische Union sich folgende Ziele gesetzt hat:

- Der **Beschäftigungsanteil** der Menschen zwischen 20 und 64 Jahren soll auf 75 Prozent erhöht werden.
- Die Aufwendungen für **Forschung und Entwicklung** sollen auf drei Prozent des Bruttoinlandsprodukts angehoben werden.
- Der **Klimawandel** soll durch eine Verringerung der Treibhausgasemissionen, durch die Erhöhung des Anteils erneuerbarer Energien und eine deutliche Steigerung der Energieeffizienz eingedämmt werden.
- Im **Bildungsbereich** soll die Quote der vorzeitigen Schulabgängerinnen und Schulabgänger gesenkt und der Anteil der 30- bis 40-Jährigen mit Hochschulabschluss auf 40 Prozent erhöht werden.
- Die Zahl der von **Armut und sozialer Ausgrenzung** betroffenen oder bedrohten Menschen in der EU soll um mindestens 20 Millionen reduziert werden.

Mehr Informationen findet man hier:

ec.europa.eu/info/business-economy-euro/economic-and-fiscal-policy-coordination/eu-economic-governance-monitoring-prevention-correction/european-semester/framework/europe-2020-strategy_de

Auch die Strukturpolitik der Europäischen Union steht im Zeichen dieses „Europa 2020"-Prozesses, indem sie strukturschwache Regionen in allen EU-Ländern durch finanzielle Hilfen unterstützt, damit diese den Anschluss an die anderen Teile der Union finden.

Die Landwirtschaftspolitik der EU dient nicht nur dem Ziel, ausreichend qualitativ hochwertige Nahrungsmittel zur Verfügung zu stellen, sondern auch der Entwicklung und Gestaltung des ländlichen Raums.

Für das Europäische Parlament ist die Stärkung des wirtschaftlichen, sozialen und territorialen Zusammenhalts der EU eine herausgehobene Priorität, da diese Politik die Bürgerinnen und Bürger unmittelbar betrifft.

Die notwendigen Rechtsvorschriften über die verschiedenen Förderfonds werden vom Europäischen Parlament geprüft, beraten und schließlich (gemeinsam mit dem Rat der Europäischen Union) beschlossen. Auch an der Weiterentwicklung der Struktur- und Regionalpolitik ist das Europäische Parlament aktiv beteiligt. Da es über die Europaabgeordneten den direkten Bezug zu den Regionen und seinen Bürgerinnen und Bürgern hat, kann es viel Sachverstand in die Debatte einbringen.

ec.europa.eu/regional_policy/de/funding

Die „Chefs"

2. Der Europäische Rat

Im Europäischen Rat treffen sich die **Staats- und Regierungschefs der EU**, deren Aufgabe es ist, „der Union die für ihre Entwicklung erforderlichen Impulse" zu geben und „die **allgemeinen politischen Zielvorstellungen und Prioritäten** hierfür" festzulegen, wie es in Art. 15 des Vertrags über die EU (EUV) heißt.

Der Präsident des Europäischen Rates
Donald Tusk

Der Europäische Rat hat keine Gesetzgebungskompetenz. Die Staats- und Regierungschefs können zwar ihre Ministerinnen oder Minister, die sich im Rat treffen, anweisen, etwas im Rahmen des Gesetzgebungsverfahrens zu beschließen, sie können es aber nicht selbst tun.

Seit 1. Dezember 2014 ist der ehemalige polnische Ministerpräsident **Donald Tusk Präsident des Europäischen Rates**. Er übernimmt den Vorsitz bei den Arbeiten des Europäischen Rates und soll Zusammenarbeit und Konsens fördern.

Auch die Hohe Vertreterin der Union für Außen- und Sicherheitspolitik, die ehemalige italienische Außenministerin Federica Mogherini, nimmt an den Sitzungen des Europäischen Rates teil.
In seiner täglichen Arbeit wird der Europäische Rat von einem Generalsekretariat unterstützt.

www.consilium.europa.eu/de/european-council/

EU-Gipfeltreffen 2017 des Europäischen Rates in Malta

Die Vertretung der Mitgliedstaaten

3. Der Rat der Europäischen Union

Der Rat der Europäischen Union, kurz „Rat" oder oft auch „Ministerrat" genannt, ist der andere Gesetzgeber im ordentlichen Gesetzgebungsverfahren – neben dem EP. Ihm gehören die jeweiligen **Ministerinnen und Minister der 28 Mitgliedstaaten** an.

Wichtigste Aufgabe des Rates ist es, gemeinsam mit dem Europäischen Parlament gesetzgeberisch tätig zu werden und ebenfalls zusammen mit dem EP die Haushaltsbefugnisse auszuüben. Rat und EP legen zusammen den Haushaltsplan für jedes Jahr fest.

Insgesamt gibt es **zehn verschiedene Ratsformationen**, d.h. der Rat tagt beispielsweise mal in der Zusammensetzung der Justizministerinnen und -minister, mal in der der Innenministerinnen und -minister oder der der Agrarministerinnen und -minister. Man spricht aber immer vom „Rat".

Der Vorsitz (**Präsidentschaft**) im Rat wechselt halbjährlich von einem Mitgliedstaat zum nächsten. Das jeweilige Vorsitzland ist dafür verantwortlich, Entscheidungen vorzubereiten, Treffen auszurichten und die Kontinuität der Arbeit zu wahren. Dabei versucht jedes Land auch, seine eigenen Vorstellungen und Prioritäten auf die Agenda der Europäischen Union zu setzen. 2018 werden zuerst Bulgarien und dann Österreich den Vorsitz im Rat übernehmen.

Eine Ausnahme stellt der Rat für Auswärtige Angelegenheiten dar. Er wird nämlich von der Hohen Vertreterin der Union für Außen- und Sicherheitspolitik geleitet.

Nur bei sehr sensiblen Politikbereichen wie der Gemeinsamen Außen- und Sicherheitspolitik oder der Steuerpolitik beschließt der Rat einstimmig. In den meisten Fällen aber fasst er seine Beschlüsse mit Mehrheit. Konkret bedeutet das, dass einer Entscheidung mindestens 55 Prozent der Staaten zustimmen müssen. Das sind zurzeit 15 Länder. Diese müssen aber zugleich mindestens 65 Prozent der Unionsbürgerinnen und -bürger vertreten. Dieses System nennt man **doppelte Mehrheit**. Sie stellt sicher, dass einerseits die kleinen Staaten nicht an den Rand gedrängt werden, sich aber andererseits die größere Bevölkerungszahl der großen Staaten auch im Abstimmungsverfahren niederschlägt.

In seiner täglichen Arbeit wird der Rat von einem Generalsekretariat unterstützt, das z.B. Sitzungen vorbereitet, den Dolmetscherdienst organisiert, Übersetzungen anfertigt und juristische Gutachten erstellt.

www.consilium.europa.eu

Die „Hüterin der Verträge"

4. Die Europäische Kommission

Eine wichtige Funktion hat auch die Europäische Kommission. Sie ist die „Hüterin der Verträge" und verwaltet die Europäische Union. Zur Europäischen Kommission gehören derzeit **eine Kommissarin oder ein Kommissar pro Mitgliedstaat**, d.h. sie hat **28 Mitglieder**. Diese handeln im Interesse der gesamten Union, sind also nicht Vertreterinnen oder Vertreter ihres Heimatlandes. Aus Deutschland kommt der Kommissar für Haushalt und Personal Günther H. Oettinger.

Der deutsche Kommissar für Haushalt und Personal Günther H. Oettinger

Die Amtszeit des Kollegiums der Europäischen Kommission beträgt fünf Jahre und fällt mit der Legislaturperiode des Europäischen Parlaments zusammen.

Die Europäische Kommission wird von einer Präsidentin oder einem Präsidenten geleitet, die bzw. der vom Europäischen Parlament auf Vorschlag der Staats- und Regierungschefs gewählt werden muss. Seit Inkrafttreten des Lissabonner Vertrages müssen bei der Berufung der Präsidentin oder des Präsidenten die bei der Europawahl zutage getretenen politischen Mehrheiten berücksichtigt werden.

Die Europäische Kommission 2014 – 2019

Vor der Europawahl 2014 stellten alle großen europäischen Parteifamilien eine Spitzenkandidatin oder einen Spitzenkandidaten für das Amt des Kommissionspräsidenten auf. Die Europäische Volkspartei (EVP) errang bei der Europawahl die meisten Sitze im EP. Ihr Spitzenkandidat, der ehemalige luxemburgische Premierminister Jean-Claude Juncker, wurde daraufhin vom Europäischen Rat dem Europäischen Parlament als Kandidat vorgeschlagen.

Die Europaabgeordneten stimmten am 15. Juli 2014 mit 422 Stimmen für **Jean-Claude Juncker** als neuen **Kommissionspräsidenten**.

Die Bürgerinnen und Bürger der Europäischen Union können damit bei der Wahl zum Europäischen Parlament auch direkt Einfluss auf die Bestellung des Kommissionspräsidenten nehmen.

Im nächsten Schritt benannten die Staats- und Regierungschefs aller Mitgliedstaaten die Kandidatinnen und Kandidaten für die Posten der 27 weiteren Kommissare. In öffentlichen Anhörungen in den verschiedenen EP-Ausschüssen prüften die Europaabgeordneten, ob alle für das Amt und die damit verbundenen Aufgaben geeignet sind. Dabei fallen auch immer wieder Kandidatinnen oder Kandidaten durch. So war es auch 2014.

Nach einem Zustimmungsvotum im EP über die gesamte Kommission, hat der Europäische Rat im Oktober 2014 den Beschluss zur Ernennung der Europäischen Kommission angenommen.

Der Präsident der Europäischen Kommission
Jean-Claude Juncker

Zu den Hauptaufgaben der Europäischen Kommission gehören:

- Die Europäische Kommission hat eine starke Stellung im Gesetzgebungsverfahren. Sie kann zwar keine Gesetze erlassen, aber nur sie darf die Vorschläge für neue Rechtsakte vorlegen. Durch die Konzentration dieses **Initiativrechts** auf die Kommission will man sicherstellen, dass von Anfang an europäische und nicht an einem einzelnen nationalstaatlichen Interesse orientierte Gesetzesvorlagen beraten werden.

- Auch die **Verwaltung und Ausführung des EU-Haushalts** gehört zu den weiteren Aufgaben der Europäischen Kommission. Die Kommission ist für die Durchführung bzw. Kontrolle der Ausführung der vom EP und vom Rat beschlossenen Strategien und Programme zuständig. Dazu gehören insbesondere die zahlreichen Förderprogramme.

Das Berlaymont-Gebäude, Sitz der Europäischen Kommission in Brüssel

Alle Finanzmittel werden von der Kommission verwaltet. Rund 80 Prozent der Haushaltsmittel werden von der Kommission an die Mitgliedstaaten geleitet, die dann für die Auszahlung an die Empfangsberechtigten, z. B. im Bereich Landwirtschaft, verantwortlich sind.

- Außerdem ist die Kommission für die Umsetzung der erlassenen Rechtsvorschriften zuständig. Sie überwacht – unter Kontrolle des Gerichtshofs der Europäischen Union – als sogenannte **„Hüterin der Verträge"** die Einhaltung des EU-Rechts.
Wenn ein Mitgliedstaat gegen EU-Recht verstößt – und das geschieht immer wieder –, kann die Europäische Kommission ein **„Vertragsverletzungsverfahren"** eröffnen und den Mitgliedstaat, der ihrer Ansicht nach gegen EU-Recht verstoßen hat, zu einer Stellungnahme auffordern. Kann der Sachverhalt so nicht abschließend geklärt werden, leitet die Kommission den Fall an den Gerichtshof der Europäischen Union weiter.

- Als **Stimme der EU in der Welt** erhält die Kommission vom Rat das Mandat für den Abschluss von Abkommen mit Drittstaaten und führt Verhandlungen mit internationalen Organisationen wie der Welthandelsorganisation. Die Europäische Kommission ist zudem zuständig für die Hilfs- und Entwicklungsprogramme der EU.

Jede Kommissarin und jeder Kommissar hat einen eigenen Zuständigkeitsbereich. Entscheidungen werden jedoch von der Kommission als Kollegialorgan, also mindestens von der Mehrheit der Kommissionsmitglieder, getroffen.

Mit dem Begriff Europäische Kommission bezeichnet man darüber hinaus ebenfalls die Verwaltung der EU, die dem Kollegium der Kommissare untersteht. Rund 25.000 Kommissionsmitarbeiterinnen und -mitarbeiter arbeiten in verschiedenen „Generaldirektionen" oder „Diensten".

ec.europa.eu/index_de.htm

Europäische Kommission Vertretung in Deutschland

Vertretung in Deutschland
Unter den Linden 78
10117 Berlin
Telefon: (030) 22 80 20 00
E-Mail: eu-de-kommission@ec.europa.eu
Internet: www.eu-kommission.de

Vertretung in Bonn
Bertha-von-Suttner-Platz 2 – 4
53111 Bonn
Telefon: (0228) 53 00 90
E-Mail: eu-de-bonn@ec.europa.eu

Vertretung in München
Bob-van-Benthem Platz 1
80469 München
Telefon: (089) 24 24 48-0
E-Mail: eu-de-muenchen@ec.europa.eu

ec.europa.eu/germany

Die Vertretung der Kommission und das Verbindungsbüro des EP in München

Die Hohe Vertreterin für Außen- und Sicherheitspolitik

Eine herausgehobene Stellung hat die Hohe Vertreterin für die Außen- und Sicherheitspolitik der Union, da sie auch Vizepräsidentin der Europäischen Kommission ist.

Die oder der Hohe Vertreter(in) leitet die Gemeinsame Außen- und Sicherheitspolitik der Europäischen Union und repräsentiert diese nach außen. Sie oder er ist nicht nur in der Kommission, sondern auch im Rat verankert und führt, wie erwähnt, den Vorsitz des Außenministerrats.

Seit Beginn der Amtszeit der neuen Europäischen Kommission (2014–2019) hat die ehemalige italienische Außenministerin **Federica Mogherini** dieses Amt übernommen, in das sie bis zum 31. Oktober 2019 berufen ist.

Die Hohe Vertreterin wird durch **den Europäischen Auswärtigen Dienst (EAD)** unterstützt. Das ist gewissermaßen das Außenministerium der EU, auch wenn es nicht so heißt. Der EAD hat seine Zentrale in Brüssel, ist aber auch für die EU-Botschaften („Delegationen") in aller Welt verantwortlich.

eeas.europa.eu

Die Hohe Vertreterin für Außen- und Sicherheitspolitik Federica Mogherini

Alles, was Recht ist

5. Der Gerichtshof der Europäischen Union

Wo es Gesetze und Regelungen gibt, gibt es auch Auseinandersetzungen um deren Auslegung und Interpretation. Daher ist der Gerichtshof der Europäischen Union (EuGH) für das Funktionieren der EU von großer Bedeutung. Seit 1952 wacht er über die **Auslegung und Anwendung des EU-Rechts** in allen Mitgliedstaaten. Der Gerichtshof ist das höchste Gericht der EU und befugt, in Rechtsstreitigkeiten zwischen Mitgliedstaaten, EU-Organen und -Institutionen, Unternehmen und Privatpersonen zu entscheiden.

Zu den Aufgaben des Gerichtshofs gehört

- zu überprüfen, ob die **Organe der Europäischen Union rechtmäßig gehandelt** haben,
- zu überwachen, dass die **Mitgliedstaaten allen Verpflichtungen** durch die Verträge **nachkommen** und
- das **Unionsrecht auszulegen**, damit die Gerichte der Mitgliedstaaten dieses einheitlich interpretieren.

Nationale Gerichte müssen die Urteile des Gerichtshofs der Europäischen Union, der seinen Sitz in Luxemburg hat, anerkennen und in ihrer Rechtsprechung berücksichtigen. Die Urteile des Gerichtshofs gelten in allen Mitgliedstaaten gleichermaßen.

Der Gerichtshof gestaltet dadurch EU-Recht fort und sichert, dass das Unionsrecht in allen Mitgliedstaaten gleich ausgelegt wird.

Am Gerichtshof der Europäischen Union gibt es Richterinnen und Richter aus allen Mitgliedstaaten, die im gegenseitigen Einvernehmen der Regierungen für sechs Jahre ernannt werden. Ihnen stehen sogenannte Generalanwältinnen und Generalanwälte zur Seite.

www.curia.europa.eu

Der Gerichtshof der Europäischen Union in Luxemburg

Wenn's um Europas Geld geht

6. Die Europäische Zentralbank

Der Präsident der Europäischen Zentralbank Mario Draghi

Die Europäische Zentralbank (EZB) mit Sitz in Frankfurt am Main ist für die **Festlegung und Durchführung der Geldpolitik für das Euro-Währungsgebiet** zuständig. Sie achtet auf die Preisstabilität in Europa, indem sie die umlaufende Geldmenge reduziert oder erhöht. Dies geschieht in der Regel durch Änderung der Zinssätze.
Die EZB hat durch die Steuerung der Geldmenge und die Festlegung der Zinssätze einen erheblichen Einfluss auf die Wirtschaft. Sie ist völlig unabhängig und darf auch von der Politik nicht beeinflusst werden. Präsident der EZB ist der Italiener **Mario Draghi**.

Das wichtigste Beschlussorgan der Zentralbank ist der **EZB-Rat**, dem neben den sechs Mitgliedern des Direktoriums – darunter als einzige Frau die Deutsche Sabine Lautenschläger – auch die Präsidentinnen und Präsidenten aller 19 nationalen Zentralbanken des Euroraums angehören.

www.ecb.int

Kontrolle ist wichtig

7. Der Europäische Rechnungshof

Wo viel Geld ausgegeben wird, besteht immer auch die Gefahr, dass dies nicht sorgsam geschieht. Der Europäische Rechnungshof **prüft** daher die **Zahlungsvorgänge der Europäischen Union** und kontrolliert, ob die Einnahmen und Ausgaben, die im Zusammenhang mit der europäischen Politik getätigt werden, ordnungsgemäß abgewickelt werden.

Der Rechnungshof achtet auch darauf, dass EU-Gelder sparsam ausgegeben werden. Jeder Mitgliedstaat entsendet ein Mitglied an den Rechnungshof. Rund 900 Bedienstete arbeiten für den Europäischen Rechnungshof.

www.eca.europa.eu/de

Die Vielfalt der Stimmen

Der Europäische Ausschuss der Regionen und der Europäische Wirtschafts- und Sozialausschuss

In der Europäischen Union gibt es darüber hinaus zwei Ausschüsse, die dem Europäischen Parlament, dem Rat und der Kommission beratend zur Seite stehen und dabei spezifische Interessen im Auge haben.

Das ist zum einen der **Europäische Ausschuss der Regionen** (AdR), dem 350 regional und lokal gewählte Vertreterinnen und Vertreter aus den 28 Mitgliedstaaten angehören.

Der Ausschuss der Regionen achtet darauf, dass die **regionalen Interessen** in der Gesetzgebung und der Politik der Europäischen Union angemessen berücksichtigt werden. Er reagiert nicht nur auf Beratungsanfragen, sondern gibt auch in eigener Initiative Stellungnahmen ab. Aus Deutschland gehören dem Ausschuss der Regionen 24 Personen an, die entweder Mitglieder eines Landtages sind oder die Regierung eines Bundeslandes vertreten.

cor.europa.eu/

Der **Europäische Wirtschafts- und Sozialausschuss** (EWSA) ist wie der Ausschuss der Regionen eine **beratende Einrichtung** der Europäischen Union. Seine ebenfalls 350 Mitglieder kommen aus der organisierten Zivilgesellschaft der 28 Mitgliedstaaten der EU. Sie vertreten Arbeitgeberinnen und Arbeitgeber, Arbeitnehmerinnen und Arbeitnehmer und andere Interessengruppen, zum Beispiel aus dem Bereich Landwirtschaft und Verbraucherschutz. Auch Nichtregierungsorganisationen aus dem sozialen und wirtschaftlichen Bereich sind Mitglieder im EWSA.

Wie der Ausschuss der Regionen wird der Wirtschafts- und Sozialausschuss vom Europäischen Parlament, dem Rat oder der Kommission zu Gesetzesvorschlägen, die in seinen Kompetenzbereich fallen, um seine Einschätzung gebeten. Er kann auch eigeninitiativ Stellungnahmen abgeben. Unter seinen 350 Mitgliedern gibt es ebenfalls 24 Deutsche, die Arbeitgeberorganisationen, Gewerkschaften oder sonstige Interessengruppen vertreten.

www.eesc.europa.eu

Und wie entsteht nun ein EU-Gesetz?

Die Gesetzgebung in der Europäischen Union

Im EU-Recht gibt es neben den Verträgen Richtlinien und Verordnungen, die beide im Rahmen eines ordentlichen Gesetzgebungsverfahrens beschlossen werden müssen. Der Unterschied zwischen einer Richtlinie und einer Verordnung liegt darin, dass die **Richtlinie** den Mitgliedstaaten nur Vorgaben macht, die erfüllt werden müssen, dabei aber offen lässt, wie die Mitgliedstaaten dies erreichen. Die Mitgliedstaaten müssen die Richtlinien also in nationale Gesetze überführen.

Die **Verordnung** hingegen ist eine detaillierte Vorschrift, die unmittelbar in den Mitgliedstaaten gilt.

Die Gesetzgeber der Europäischen Union sind das Europäische Parlament und der Rat der Europäischen Union. Sie entscheiden zusammen im sogenannten **„ordentlichen Gesetzgebungsverfahren"** über einen Großteil der EU-Gesetzgebung.
Wenn eine der beiden Institutionen in diesem Verfahren nicht zustimmt, gibt es kein Gesetz. Der Rat kann also das Europäische Parlament nicht überstimmen und umgekehrt geht das auch nicht. Das ordentliche Gesetzgebungsverfahren der EU kann aus bis zu drei Lesungen bestehen. Wie das Verfahren konkret abläuft, ist nachfolgend beschrieben.

Abstimmung im EP

Das ordentliche Gesetzgebungsverfahren

Anpfiff – Das Spiel beginnt:

Von der Europäischen Kommission kommt ein **Vorschlag für ein EU-Gesetz**. Nicht selten basiert dieser auf einer Aufforderung des Europäischen Parlaments, tätig zu werden. Der Gesetzesvorschlag wird dem Europäischen Parlament und dem Rat vorgelegt. Dann beginnen die sogenannten Lesungen.

Erste Runde:

Der Beginn des Verfahrens auf der Basis eines Vorschlags der Kommission ist die **Erste Lesung**. Der Vorschlag wird im EP zunächst in den zuständigen Fachausschüssen beraten und gegebenenfalls verändert. Im Plenum des EP wird dann dieser geänderte Gesetzesvorschlag debattiert und es wird über ihn abgestimmt. Nun gibt es zwei Möglichkeiten:

1. Entweder das Parlament beschließt keine Änderungen und der Rat akzeptiert den Vorschlag ebenfalls ohne Einwendungen. Dann ist das EU-Gesetz so **angenommen**.
2. Oder aber das Parlament verlangt Änderungen, dann wird der geänderte Vorschlag dem Rat vorgelegt.

   a) Billigt der Rat alle Änderungsvorschläge des EP und ändert den Kommissionsvorschlag ansonsten nicht ab, ist der Rechtsakt **angenommen**.

   b) Akzeptiert der Rat aber nicht alle Änderungen des EP oder lehnt sie ab, muss er mit qualifizierter Mehrheit einen **„Standpunkt"** beschließen, der dem Parlament übermittelt wird und der die Gründe für die Ablehnung enthält. Die Kommission nimmt dazu dem Parlament gegenüber ebenfalls Stellung.

Zweite Runde:
Dann geht das Verfahren in die zweite Runde, das ist die **Zweite Lesung**.

1. Wenn das Parlament den Standpunkt des Rates billigt, gilt der Rechtsakt entsprechend dem Standpunkt des Rates als **angenommen**.

2. Wenn das Parlament den Standpunkt des Rates mit der absoluten Mehrheit seiner Mitglieder, also mit mindestens 376 Abgeordneten, ablehnt, gilt der Rechtsakt als nicht angenommen und das Verfahren ist **beendet**. Es gibt dann also kein Gesetz.

3. Beschließt das Parlament hingegen Änderungen zum Standpunkt des Rates, übersendet es diese sowohl dem Rat als auch der Kommission.

   a) Falls der Rat nun wiederum die Änderungen, die das Parlament beschlossen hat, annimmt, ist der Rechtsakt ebenfalls **angenommen**.

   b) Wenn man sich nicht einigt, geht das Verfahren in die dritte Runde.

Dritte und letzte Runde:
Die letzte Chance für den Gesetzentwurf ist die **Dritte Lesung**. Hier wird der **Vermittlungsausschuss** tätig, dem die Mitglieder des Rates sowie eine gleiche Anzahl von Europaabgeordneten angehören. Innerhalb von sechs Wochen soll dieses Gremium sich einigen und einen gemeinsamen Entwurf erarbeiten.

a) Wenn der Vermittlungsausschuss den gemeinsamen Entwurf nicht innerhalb der vorgeschriebenen Frist billigt, gilt der Rechtsakt als **nicht angenommen**. Damit ist das Gesetzesvorhaben gescheitert.

b) Einigt sich der Vermittlungsausschuss auf einen gemeinsamen Entwurf, wird dieser dem Rat und dem Parlament mit der Bitte um Zustimmung zugeleitet. Wenn beide Organe innerhalb von sechs Wochen ihre Zustimmung geben, ist das Gesetz **angenommen**. Andernfalls ist es gescheitert.

Dieses auf den ersten Blick komplizierte Verfahren zeigt: Ohne die Zustimmung des Europäischen Parlaments und damit die Beteiligung der Vertreterinnen und Vertreter der Bürgerinnen und Bürger der 28 Mitgliedstaaten geht in Europa nichts.

Der letzte formale Akt des Gesetzes ist übrigens, dass es im Amtsblatt der Europäischen Union veröffentlicht wird.

eur-lex.europa.eu/oj/direct-access.html

Weitere Informationen zum ordentlichen Gesetzgebungsverfahren:

www.europarl.europa.eu/aboutparliament/de/0081f4b3c7/Lawmaking-procedures-in-detail.html

Das ordentliche Gesetzgebungsverfahren

Und wie entsteht nun ein EU-Gesetz?

EP Parlament
Rat Rat

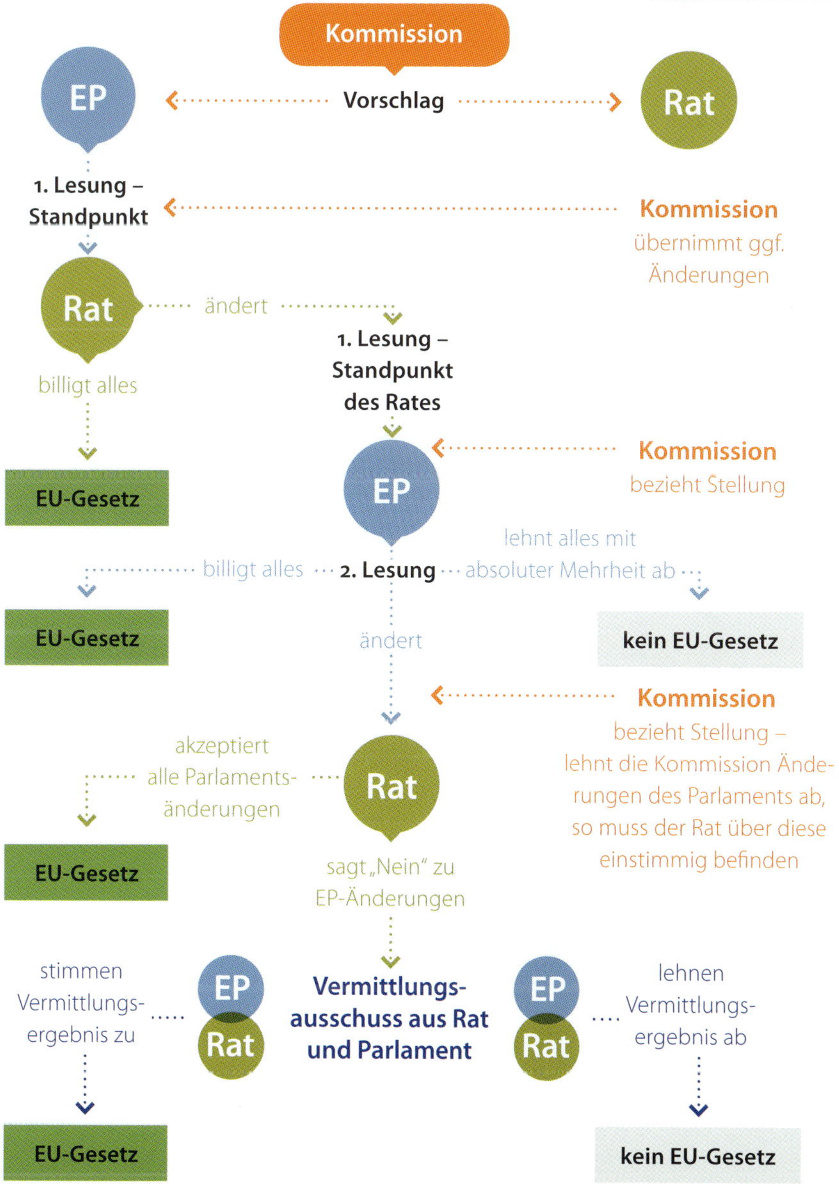

Auch für die Europäische Union gibt es gemeinsame Symbole.

Die Flagge der EU

Die Flagge der EU stellt einen Kreis von zwölf goldenen Sternen auf blauem Hintergrund dar. Die Europafahne ist ein weltweit bekanntes „Markenzeichen" nicht nur als Symbol für die Europäische Union, sondern auch für das vereinte Europa.

Der Kreis aus goldenen Sternen repräsentiert die Einheit, Solidarität und Harmonie zwischen den Völkern Europas. Anders als bei der US-amerikanischen Flagge mit ihren „Stars and Stripes" hat die Zahl der Sterne nichts mit der Anzahl der Mitgliedstaaten zu tun. Der Zwölferkreis ist nach alten europäischen Überlieferungen Sinnbild der Vollständigkeit, Vollkommenheit und Einheit.

Die Hymne der EU

Die Hymne der Europäischen Union entstammt der Neunten Symphonie Ludwig van Beethovens von 1823. In der Neunten Symphonie vertont van Beethoven die 1785 von Friedrich Schiller verfasste „Ode an die Freude", in der das Freudenthema „Freude, schöner Götterfunken" mit dem Solidaritätsgedanken „Alle Menschen werden Brüder" verknüpft wird. Im Jahr 1972 nahm der Europarat die Beethovenklänge in einer Instrumentalversion von Herbert von Karajan als Hymne für Europa an. Seit 1985 gilt sie offiziell auch für die heutige Europäische Union.

Das Motto der EU

Das Motto der Europäischen Union lautet **„In Vielfalt geeint"**. Es drückt aus, dass sich die Europäerinnen und Europäer in der EU freiwillig zusammengeschlossen haben und dass die vielen verschiedenen Kulturen, Traditionen und Sprachen in Europa bewahrt werden.

Der Europatag

Der **9. Mai** wird in der gesamten EU als Europatag gefeiert. Das Datum erinnert an die **Schuman-Erklärung** vom 9. Mai 1950, die als „Geburtsurkunde" der heutigen Europäischen Union gilt. An diesem Tag präsentierte der damalige französische Außenminister Robert Schuman seine Vorstellung eines geeinten Europas, das zusammenarbeitet. 1985 wurde bei einem EU-Gipfel in Mailand entschieden, den 9. Mai als „Europatag" zu feiern.

2018 – Das Europäische Jahr des Kulturerbes

Die öffentliche Diskussion wird sehr stark von Themen bestimmt, die durch aktuelle Ereignisse auf die mediale Tagesordnung gesetzt werden. Da besteht die Gefahr, dass Fragen, die für die gesellschaftliche Entwicklung wichtig sind, es aber nicht als „Aufreger" in die Nachrichtensendungen schaffen, vernachlässigt werden. Um dem entgegen zu wirken, hat die Europäische Union das Konzept der „Europäischen Jahre" entwickelt.

Die Europäische Kommission schlägt hierfür ein Thema vor, das in den Mitgliedstaaten und von den EU-Institutionen während des betreffenden Jahres in Veranstaltungen, Projekten, Diskussionen und Veröffentlichungen immer wieder unter unterschiedlichen Gesichtspunkten in die Öffentlichkeit getragen wird. Die Mitgliedstaaten und das Europäische Parlament müssen dem Vorschlag zustimmen.

Für das jeweilige Thema werden für lokale, nationale oder auch grenzüberschreitende Initiativen zusätzliche Finanzmittel zur Verfügung gestellt.

2018 ist das Europäische Jahr des Kulturerbes. Gerade in einer Zeit politischer Dissonanzen innerhalb der EU ist es wichtig, sich des Gemeinsamen in Vergangenheit und Gegenwart zu versichern.

ec.europa.eu/culture/news/20160830-commission-proposal-cultural-heritage-2018_de

Wer vertritt mich in der EU?

Im EP in Straßburg

Die Vertretung der Bürgerinnen und Bürger

Das Europäische Parlament

Das Europäische Parlament hat im Institutionengefüge der Europäischen Union großes Gewicht – und das bedeutet, dass die Bürgerinnen und Bürger der EU mit ihren Interessen und Wünschen vertreten werden.

Das Europäische Parlament wird seit 1979 in direkten Wahlen in allen Mitgliedstaaten gewählt. Die letzte Europawahl fand im Mai 2014 statt. **Die nächste Europawahl findet im Mai oder Juni 2019 statt.** Allerdings machen die Unionsbürgerinnen und -bürger von ihrem Wahlrecht nur zögerlich Gebrauch. Die Beteiligung bei der Wahl zum Europäischen Parlament lag 2014 im EU-Durchschnitt bei 42,6 Prozent. In Deutschland lag die Wahlbeteiligung bei 48,1 Prozent.

Diese Entwicklung ist geradezu paradox: Das Europäische Parlament hat über die Jahre und Jahrzehnte im Zusammenhang mit den Vertragsreformen seine Befugnisse deutlich vergrößert, aber die Wahlbeteiligung ist immer geringer geworden.

Präsident

Die Präsidentin oder der Präsident des Europäischen Parlaments vertritt das EP nach außen und in dessen Beziehungen zu den anderen EU-Organen und -Institutionen.

Sie oder er leitet alle Arbeiten des Parlaments, übernimmt den Vorsitz in den Plenarsitzungen und unterzeichnet den Haushaltsplan sowie die zusammen mit dem Rat nach dem ordentlichen Gesetzgebungsverfahren verabschiedeten Rechtsakte.

Die Präsidentin oder der Präsident wird vom Plenum für eine Amtszeit von zweieinhalb Jahren, d. h. für eine halbe Legislaturperiode gewählt und kann wiedergewählt werden.

Am 17. Januar 2017 haben die Europaabgeordneten den italienischen Europaabgeordneten Antonio Tajani (Fraktion der Europäischen Volkspartei – Christdemokraten (EVP)) zum Präsidenten des EP gewählt.

Der Präsident des Europäischen Parlaments Antonio Tajani

Die Europaabgeordneten

Im Europäischen Parlament vertreten **751 Europaabgeordnete** aus **28 EU-Mitgliedstaaten** die Interessen der Unionsbürgerinnen und -bürger.

Dabei haben die Mitgliedstaaten der Europäischen Union unterschiedlich viele Sitze. Auch hier wird nach Größe differenziert – allerdings bei einer generellen Bevorzugung der kleineren Staaten. Dieses Prinzip nennt sich **„degressive Proportionalität"**. **Deutschland** stellt seit 2014 mit **96 Abgeordneten** die größte Gruppe, dem kleinsten Land, Malta, stehen sechs Sitze zu.

In ihrer täglichen Arbeit werden die Europaabgeordneten von Assistentinnen und Assistenten unterstützt.

www.europarl.europa.eu/portal/de

Fraktionen

Die Abgeordneten des Europäischen Parlaments sitzen nicht in Landesgruppen zusammen, sondern bilden je nach ihrer politischen Ausrichtung Fraktionen. Im EP hat keine der Fraktionen, die zusammen ein weites politisches Spektrum abdecken, eine absolute Mehrheit. Die Europaabgeordneten müssen bei den verschiedenen Themen Kompromisse finden. Sie diskutieren ihre Argumente und bilden Koalitionen. Jede Fraktion hat einen oder zwei Vorsitzende, einen Vorstand und ein Sekretariat.

Bevor Berichte der parlamentarischen Ausschüsse im Plenum diskutiert und abgestimmt werden, werden sie in den Fraktionen erörtert, häufig mit dem Ergebnis, dass Änderungsanträge im Plenum vorgelegt werden. Der Standpunkt der Fraktion wird durch Absprache innerhalb der Fraktion festgelegt, wobei kein Mitglied zu einer bestimmten Stimmabgabe verpflichtet werden kann.

Die Fraktionen spielen auch eine wichtige Rolle bei der Festlegung der Tagesordnung der Plenarsitzungen. Das geschieht vor allem über ihre Vertreterinnen und Vertreter in der Konferenz der Präsidenten.

Mitglieder der Fraktionen sind Abgeordnete, nicht Parteien. Um eine Fraktion zu bilden, müssen sich **mindestens 25 Abgeordnete** aus mindestens einem **Viertel der Mitgliedstaaten** (das bedeutet bei 28 Mitgliedstaaten gegenwärtig also mindestens sieben Mitgliedstaaten) zusammenschließen.

Land	Zahl der Europaabgeordneten nach der Europawahl 2014
Deutschland	96
Frankreich	74
Vereinigtes Königreich	73
Italien	73
Spanien	54
Polen	51
Rumänien	32
Niederlande	26
Belgien	21
Griechenland	21
Tschechische Republik	21
Portugal	21
Ungarn	21
Schweden	20
Österreich	18
Bulgarien	17
Dänemark	13
Finnland	13
Slowakei	13
Irland	11
Kroatien	11
Litauen	11
Slowenien	8
Lettland	8
Estland	6
Zypern	6
Luxemburg	6
Malta	6
EU-28 insgesamt	751

Derzeit gibt es **acht verschiedene Fraktionen** im EP:

- Fraktion der **Europäischen Volkspartei** (EVP), hierzu gehören die Abgeordneten der Christlich Demokratischen Union Deutschlands (CDU) und der Christlich-Sozialen Union in Bayern (CSU). Vorsitzender der EVP-Fraktion ist der CSU-Abgeordnete Manfred Weber,

- Fraktion der **Progressiven Allianz der Sozialdemokraten im Europäischen Parlament** (S&D), hierzu gehören die Abgeordneten der Sozialdemokratischen Partei Deutschlands (SPD),

- Fraktion der **Europäischen Konservativen und Reformer** (EKR), hierzu gehören die Abgeordneten der Liberal-Konservativen Reformer und ein Abgeordneter der Freien Wähler,

- Fraktion der **Allianz der Liberalen und Demokraten für Europa** (ALDE), hierzu gehören die Abgeordneten der Freien Demokratischen Partei (FDP) sowie eine Abgeordnete der Freien Wähler,

- **Konföderale Fraktion der Vereinigten Europäischen Linken / Nordische Grüne Linke** (VEL / NGL), hierzu gehören die Abgeordneten der Partei DIE LINKE. sowie ein parteiloser Abgeordneter. Die deutsche Europaabgeordnete Gabriele Zimmer (DIE LINKE.) ist Vorsitzende dieser Fraktion,

Mitglieder des Europäischen Parlaments / Stand: 5.12.2017

Fraktionen im EP	EVP	S&D	EKR	ALDE
Zahl der Mitglieder des EP	217	189	74	68
davon deutsche Mitglieder des EP	34	27	6	4

- Fraktion der **Grünen / Freie Europäische Allianz** (Grüne / EFA), hierzu gehören die Abgeordneten von Bündnis 90 / Die Grünen, die Abgeordnete der Piratenpartei Deutschland sowie der Abgeordnete der Ökologisch-Demokratischen Partei (ÖDP). Ko-Vorsitzende der Fraktion Grüne/EFA ist die deutsche Abgeordnete Ska Keller (Bündnis 90 / Die Grünen),

- Fraktion **Europa der Freiheit und der direkten Demokratie** (EFDD), der ein Abgeordneter der Partei Alternative für Deutschland (AfD) angehört,

- Fraktion **Europa der Nationen und der Freiheit** (ENF), der ein Abgeordneter von Die blaue Partei angehört.

- Zu den **fraktionslosen** Abgeordneten gehören ein Abgeordneter der Nationaldemokratischen Partei Deutschlands (NPD) und der Abgeordnete von Die PARTEI (Stand 5.12.2017).

Die Fraktionen sind nicht so fest gefügt, wie das in Deutschland der Fall ist, ihre Größe kann sich daher immer wieder einmal ändern. Deshalb empfiehlt es sich, sich aktuell auf der Internetseite des Europäischen Parlaments zu informieren:

www.europarl.europa.eu/meps/de/

VEL/NGL	Grüne/EFA	EFDD	ENF	Fraktionslos	Gesamt
52	51	45	37	18	751
8	13	1	1	2	96

Hauptaufgaben des EP

Zu den Hauptaufgaben des Europäischen Parlaments gehören:

> **Das Gesetzgebungsrecht:**
Das Europäische Parlament ist mittlerweile in fast allen Politikbereichen der EU Mitgesetzgeber und erlässt dann zusammen mit dem Rat der Europäischen Union im sogenannten ordentlichen Gesetzgebungsverfahren EU-Rechtsvorschriften.

> **Die Haushaltsbefugnisse:**
Auch der Beschluss über den **Haushalt** gehört zu den Befugnissen des Europäischen Parlaments, die es gemeinsam mit dem Rat der Europäischen Union wahrnimmt. Rat und Parlament legen als Haushaltsbehörde gemeinsam alle sieben Jahre einen **Mehrjährigen Finanzrahmen** (MFF) fest und bewilligen einen **jährlichen Haushaltsplan** für alle Ausgaben des EU-Budgets. Im Mehrjährigen Finanzrahmen werden die jährlichen Höchstbeträge oder Obergrenzen festgelegt, die von der Europäischen Union in einem Zeitraum von mindestens fünf Jahren ausgegeben werden dürfen. Innerhalb der Vorgaben des MFF wird dann ein jährlicher Haushalt von EP und Rat verhandelt und festgelegt.

Für **2017** betrugen die sogenannten Zahlungsermächtigungen **134,5 Mrd. Euro**, für **2018 144,68 Mrd. Euro**.

Über die Einnahmen der Europäischen Union kann das Parlament allerdings nicht bestimmen, diese werden von den Mitgliedstaaten festgelegt.

> **Parlamentarische Kontrollrechte und demokratische Legitimation:**
Ob in Städten, Regionen, Nationalstaaten oder in der EU – auf allen Ebenen kontrollieren gewählte Vertreterinnen und Vertreter der Bürgerinnen und Bürger die Exekutive, also diejenigen, die Gesetze ausführen und Geld ausgeben. Der Haushaltskontrollausschuss des Europäischen Parlaments wacht über die korrekte Verwendung der EU-Gelder und stützt sich für seine Arbeit auf den Rechnungshof der EU.

Eine wichtige Aufgabe des Parlaments ist auch die **parlamentarische Kontrolle** der Europäischen Kommission, die es nicht nur im Amt bestätigen muss, sondern über ein Misstrauensvotum auch stürzen kann. Das Parlament wählt nicht nur den Kommissionspräsidenten auf Vorschlag des Europäischen Rates, es unterzieht auch alle Kandidaten für die

Elektronische Abstimmung im EP

Position einer Kommissarin oder eines Kommissars einer ausführlichen Befragung. Immer wieder scheitern Bewerber um eine Kommissarsposition an diesen Befragungen und ziehen ihre Bewerbung zurück.
Zwar kann das Europäische Parlament keine einzelnen Kommissare berufen oder abberufen, aber die Kommission als Ganzes braucht die Zustimmung des Parlaments, um überhaupt ins Amt zu kommen.

Außerdem **debattiert** das Europäische Parlament regelmäßig über Entscheidungen und Projekte der Staats- und Regierungschefs.

Um behauptete Verstöße gegen das Unionsrecht oder Missstände bei seiner Anwendung zu überprüfen, kann das EP auf Antrag eines Viertels seiner Mitglieder **Untersuchungsausschüsse** einsetzen. Diese Untersuchung kann die Organe oder Einrichtungen der EU, Behörden eines Mitgliedstaats oder Personen, die mit der Anwendung des Unionsrechts beauftragt wurden, betreffen.

So hat das Europäische Parlament beispielsweise im Juni 2016 einen Untersuchungsausschuss eingerichtet, der die sogenannten „Panama Papers" auswerten soll. Die „Panama Papers" sind eine journalistische Enthüllung über Steuerhinterziehung und Geldwäsche über Briefkastenfirmen in Panama.
Der Untersuchungsausschuss des Europäischen Parlaments soll der Frage nachgehen, ob dabei gegen das Unionsrecht verstoßen wurde und ob es im europäischen Kontext einen Zusammenhang mit Geldwäsche, Steuervermeidung und Steuerhinterziehung gibt.

Seit 2015 beschäftigt der sogenannte Abgasskandal die Öffentlichkeit in den USA und Europa. Es hatte sich herausgestellt, dass viele Kraftfahrzeuge führender europäischer Hersteller wesentlich mehr Abgase produzieren als angegeben und dass dieser Umstand durch eine manipulierte Software verschleiert wurde.
Ende 2015 setzte das EP einen Untersuchungsausschuss für die Emissionsmessung im Automobilsektor ein. In seinem Abschlussbericht vom April 2017 kam der Ausschuss zu dem Ergebnis, dass es die meisten Mitgliedstaaten und die Kommission versäumt hätten, gegen Manipulationen der Hersteller bei Emissionstests vorzugehen. Die Europaabgeordneten empfahlen eine Reihe von Maßnahmen wie eine verstärkte EU-Aufsicht mit klar definierten Verantwortlichkeiten.

www.europarl.europa.eu/committees/de/emis/home.html

> **Parlamentarische Zustimmung:**
Soweit die Europäische Union **internationale Verträge** abschließt, müssen diese vom Europäischen Parlament gebilligt werden. Dies betrifft z.B. die Beitrittsverträge oder aber Freihandelsabkommen wie das europäisch-kanadische CETA oder das geplante Abkommen mit den USA, TTIP (Transatlantische Handels- und Investitionspartnerschaft).

EP IM DETAIL

Auf den nächsten vier Seiten wird der Aufbau des Europäischen Parlaments im Detail beschrieben.

Die Europaabgeordneten

Im Europäischen Parlament sitzen derzeit **751 Abgeordnete aus 28 Mitgliedstaaten**.

Präsident
Die Präsidentin oder der Präsident des Europäischen Parlaments **vertritt das EP nach außen** und in dessen Beziehungen zu den anderen EU-Organen und -Institutionen. Sie oder er **leitet alle Arbeiten des Parlaments**, übernimmt den Vorsitz in den Plenarsitzungen und unterzeichnet den Haushaltsplan sowie die zusammen mit dem Rat nach dem ordentlichen Gesetzgebungsverfahren verabschiedeten Rechtsakte.

Ausschüsse
Um die vielen unterschiedlichen Themen und Gesetzesvorschläge fachkundig behandeln zu können, spezialisieren sich die Abgeordneten. Sie werden in Ausschüsse gewählt, die für bestimmte Sachbereiche zuständig sind und die Plenarsitzungen vorbereiten. Derzeit gibt es **20 ständige Ausschüsse** und **zwei Unterausschüsse**.

In den Ausschüssen wird ein wichtiger Teil der parlamentarischen Arbeit, insbesondere der gesetzgeberischen Tätigkeit, geleistet. In den Ausschüssen werden

Ständige Ausschüsse des Europäischen Parlaments

AFET Auswärtige Angelegenheiten
DROI Menschenrechte (Unterausschuss)
SEDE Sicherheit und Verteidigung (Unterausschuss)
DEVE Entwicklung
INTA Internationaler Handel
BUDG Haushalt
CONT Haushaltskontrolle
ECON Wirtschaft und Währung
EMPL Beschäftigung und soziale Angelegenheiten
ENVI Umweltfragen, öffentliche Gesundheit und Lebensmittelsicherheit
ITRE Industrie, Forschung und Energie
IMCO Binnenmarkt und Verbraucherschutz
TRAN Verkehr und Fremdenverkehr
REGI Regionale Entwicklung
AGRI Landwirtschaft und ländliche Entwicklung
PECH Fischerei
CULT Kultur und Bildung
JURI Recht
LIBE Bürgerliche Freiheiten, Justiz und Inneres
AFCO Konstitutionelle Fragen
FEMM Rechte der Frau und Gleichstellung der Geschlechter
PETI Petitionen

www.europarl.europa.eu/committees/de/

zunächst die Gesetzesvorschläge der Europäischen Kommission beraten und verändert, bevor sie dem Plenum zur Abstimmung vorgelegt werden. Auch die Beiträge des Rates werden zunächst in den jeweiligen Ausschüssen diskutiert. Die Fraktionen sind entsprechend ihrer Größe in den Ausschüssen vertreten.

Die **Ausschusssitzungen** finden **ein bis zwei Mal pro Monat in Brüssel** statt, ihre Debatten sind öffentlich. Das Europäische Parlament kann auch nichtständige Ausschüsse (**Sonderausschüsse**) und **Untersuchungsausschüsse** zu bestimmten wichtigen Themen einsetzen.

Delegationen

Aufgabe der Delegationen im Europäischen Parlament ist die Pflege der Beziehungen und der Informationsaustausch mit Parlamenten in Drittländern.

Arbeitsorte und Sitzungen

Der Sitz des Europäischen Parlaments ist in **Straßburg** in Frankreich. Hier finden pro Jahr zwölf viertägige Plenarsitzungen statt. Zu den Arbeitsorten des EP gehören neben Straßburg auch **Brüssel** (Belgien) und **Luxemburg**.

Ausschusssitzung in Straßburg

Zwischen den Sitzungswochen tagen die Ausschüsse und die Fraktionen des Parlaments in Brüssel, um einen ständigen Kontakt zur Europäischen Kommission und zum Rat zu halten, die dort ansässig sind. In Luxemburg befindet sich ein Großteil der Verwaltung des Europäischen Parlaments.

Da die Abgeordneten aus allen EU-Mitgliedstaaten kommen, ist die Sprachenvielfalt groß: Das Europäische Parlament arbeitet in allen **24 Amtssprachen** der EU.

Politische Organe

Im Europäischen Parlament gibt es eine Reihe von politischen Organen, welche die Arbeit des EP organisieren und gestalten:

a) Die Konferenz der Präsidenten

Die Konferenz der Präsidenten ist das politische Leitungsorgan des EP. Sie besteht aus dem Präsidenten des EP und den Vorsitzenden der Fraktionen. Auch eine Vertreterin oder ein Vertreter der fraktionslosen Mitglieder gehört dazu, besitzt aber kein Stimmrecht. Die Konferenz der Präsidenten organisiert die Arbeiten des EP wie z. B. den Zeitplan und die Tagesordnungen der Plenartagungen, die Zuständigkeiten der Ausschüsse und Delegationen und ihre Zusammensetzung sowie die Planung des Gesetzgebungsprogramms.

b) Das Präsidium

Das Präsidium des Europäischen Parlaments behandelt alle Fragen im Bereich Verwaltung, Personal und Organisation. Außerdem ist es für die Aufstellung des Haushaltsvoranschlags des EP zuständig. Das Präsidium besteht aus dem Präsidenten des Europäischen Parlaments, 14 Vizepräsidentinnen / Vizepräsidenten und fünf Quästorinnen / Quästoren, die vom Plenum für eine Amtszeit von zweieinhalb Jahren gewählt werden und wiedergewählt werden können.

Die zwei deutschen Vizepräsidenten des Europäischen Parlaments Rainer Wieland und Evelyne Gebhardt

Die 14 Vizepräsidentinnen und Vizepräsidenten vertreten den Präsidenten und haben jeweils einen speziellen Aufgabenbereich. Die deutschen Abgeordneten Rainer Wieland (CDU) und Evelyne Gebhardt (SPD) sind derzeit Vizepräsidenten des Europäischen Parlaments.

c) Das Kollegium der Quästoren

Die fünf Quästorinnen und Quästoren befassen sich mit Verwaltungs- und Finanzaufgaben, die unmittelbar die Europaabgeordneten betreffen.

d) Die Konferenz der Ausschussvorsitzenden

Hier treffen sich die Vorsitzenden aller ständigen und nichtständigen Ausschüsse im EP. Sie sorgen für die reibungslose Zusammenarbeit der parlamentarischen Ausschüsse.

e) Die Konferenz der Delegationsvorsitzenden

Die Vorsitzenden aller ständigen interparlamentarischen Delegationen kommen hier zusammen, um dafür zu sorgen, dass die Delegationstätigkeiten ordnungsgemäß ablaufen.

Generalsekretariat

Zur Unterstützung der Europaabgeordneten und des EP gibt es auch eine Verwaltung, das Generalsekretariat. Es koordiniert die Legislativarbeiten, die Organisation der Plenartagungen und anderer Sitzungen, macht Presse- und Öffentlichkeitsarbeit, unterstützt die Europaabgeordneten technisch und durch fachliche Beratung und gewährleistet die notwendigen Übersetzungs- und Dolmetschertätigkeiten.

www.europarl.europa.eu/aboutparliament/de/20150201PVL00010/Aufbau-und-Arbeitsweise

Im Plenarsaal des Europäischen Parlaments in Straßburg

746
745

Das Europäische Parlament unterstützt kulturelle Aktivitäten und zivilgesellschaftliches Engagement durch die Vergabe verschiedener Preise.

Der LUX-Filmpreis

Seit 2007 verleiht das Europäische Parlament den **LUX-Filmpreis**. Mit diesem Preis möchten die Europaabgeordneten die Verbreitung europäischer Filme in Europa fördern und eine europaweite Diskussion über wichtige gesellschaftliche Fragen anregen.

Um die drei Filme, die es in die Endauswahl geschafft haben, einem größeren Publikum bekannt zumachen, werden sie während der LUX-Filmtage – untertitelt in alle 24 Amtssprachen der EU – in allen 28 Mitgliedstaaten gezeigt.

2017 gehörten zu den drei Finalistenfilmen „120 BPM", „Sameblod" und „Western". Am 14. November wurde der Film „Sameblod" im Europäischen Parlament in Straßburg mit dem LUX-Preis 2017 ausgezeichnet.

www.luxprize.eu

2017 ging der LUX-Filmpreis an den Film Sameblod

Der LUX-Filmpreis

Der Sacharow-Preis für geistige Freiheit

Großes Renommee hat der **Sacharow-Preis für geistige Freiheit**, mit dem das Europäische Parlament seit 1988 Einzelpersonen oder Organisationen auszeichnet, die sich mit viel Mut und Engagement weltweit für die Menschenrechte und Grundfreiheiten einsetzen.

Der Preis ist mit 50.000 Euro dotiert. Am 13. Dezember 2017 wurde die demokratische Opposition in Venezuela mit dem Sacharow-Preis geehrt. Mit der Auszeichnung bekräftigte das Europäische Parlament seine „uneingeschränkte Unterstützung für die demokratisch gewählte Nationalversammlung in Venezuela" und appellierte für einen friedlichen Übergang zur Demokratie.

www.europarl.europa.eu/sakharovprize/de/home/the-prize.html

Wie kann ich mitentscheiden?

Einflussmöglichkeiten für Sie

Die Europäische Union ist für das Alltagsleben der Menschen in den Mitgliedstaaten wichtig – und deshalb ist es auch bedeutsam, selbst Einfluss zu nehmen. Zwar scheinen die EU und „Brüssel" weit weg und damit unserem Einfluss entzogen, das stimmt aber so nicht. Für viele ist es sicherlich erst einmal interessant, sich näher über die Europäische Union zu informieren. Dies ist über das Internet sowie die gedruckten Veröffentlichungen der Europäischen Union leicht möglich.

Wer in Berlin lebt oder die Möglichkeit hat, die Bundeshauptstadt zu besuchen, sollte sich auch Zeit nehmen für einen Besuch des „Europäischen Hauses" direkt am Brandenburger Tor, in dem das Verbindungsbüro des Europäischen Parlaments sowie die Vertretung der Europäischen Kommission in Deutschland ihren Sitz haben. Im Erdgeschoss befindet sich die Ausstellung ERLEBNIS EUROPA, die zu einer Reise durch Europa und die Europäische Union einlädt.

Die Europawahl

Aber Einfluss nehmen ist mehr, als sich zu informieren. Die einfachste Möglichkeit, europäische Politik mitzugestalten ist natürlich, an der Wahl zum Europäischen Parlament teilzunehmen. Hier werden ja die Abgeordneten und parteipolitischen Richtungen bestimmt, die hinterher im Europäischen Parlament die Politik der EU gestalten. **Die nächste Europawahl findet im Mai oder Juni 2019 statt.**

Es lohnt sich also, sich vorher über die unterschiedlichen Positionen zu informieren und dann entsprechend sein Wahlkreuz auf dem Stimmzettel zu machen. Damit stärkt man auch das Europäische Parlament gegenüber den anderen europäischen Institutionen wie Rat und Kommission.

Auf dem Wahlschein stehen Parteien, die wir auch aus den nationalen Wahlen kennen. Im Europäischen Parlament schließen diese sich dann mit Gleichgesinnten aus anderen Ländern zu Fraktionen zusammen.

Die Europaabgeordneten sind aber nicht nur während des Wahlkampfs für die Bürgerinnen und Bürger da, sondern während der gesamten Legislaturperiode ansprechbar.
Am einfachsten geschieht dies über die Wahlkreisbüros der Abgeordneten oder über die Verbindungsbüros des Europäischen Parlaments in Deutschland. Fragen, Anregungen, Beschwerden – wenn sie etwas mit Europa zu tun haben, greifen die Abgeordneten diese gerne auf. Schließlich kann ein Abgeordneter nur Politik für die Bürgerinnen und Bürger machen, wenn er auch weiß, was diesen wichtig ist.

www.europarl.europa.eu/meps/

Berichterstattung zur Europawahl 2014

ERLEBNIS EUROPA – die Ausstellung im Europäischen Haus Berlin

Nur ein paar Schritte vom Brandenburger Tor entfernt, lädt die multimediale Dauerausstellung **ERLEBNIS EUROPA** im Europäischen Haus zu einer Reise durch Europa und die Europäische Union ein.

In einem 360°-Kino können Sie eine Plenarsitzung des Europäischen Parlaments erleben. Oder Sie schlüpfen bei einem Planspiel direkt in die Rolle eines Europaabgeordneten oder Kommissars der Europäischen Union. Schauen Sie, wie die Menschen in Europa leben und lernen Sie, wie die Europäische Union funktioniert. Und das an acht multimedialen Stationen und in 24 europäischen Sprachen.

Sie können auch Ihr ganz persönliches Foto aus dem ERLEBNIS EUROPA schicken, Mails an Ihre Europaabgeordneten schreiben und sich alle Ihre Fragen zur EU beantworten lassen.

Die Ausstellung ERLEBNIS EUROPA ist täglich geöffnet, der Eintritt ist frei.

ERLEBNIS EUROPA – die Ausstellung im Europäischen Haus Berlin
Unter den Linden 78
10117 Berlin
Telefon: (030) 2280 2900
E-Mail: frage@erlebnis-europa.eu

www.erlebnis-europa.eu

Öffnungszeiten
Täglich 10 – 18 Uhr

Verkehrsverbindung
Haltestelle „Brandenburger Tor"
Buslinien: 100, TXL
S-Bahnlinien: S1, S2, S25
U-Bahnlinie: U55

Erlebnis Europa
Europa Experience

Die Europäische Bürgerbeauftragte

Wer sich von einer EU-Institution ungerecht behandelt fühlt, kann sich auch an die Europäische Bürgerbeauftragte wenden, die vom Europäischen Parlament jeweils für eine Legislaturperiode ernannt wird.

Seit Juli 2013 hat die Irin **Emily O'Reilly** dieses Amt inne. Bei der Europäischen Bürgerbeauftragten können sich alle, die in einem Mitgliedstaat der EU wohnen, über einen **vermuteten Missstand** in der Verwaltungstätigkeit der Organe oder anderer Institutionen und Stellen der EU **beschweren**. Lediglich der Gerichtshof der Europäischen Union ist davon ausgenommen.

Auch Unternehmen, Vereinigungen und andere Einrichtungen, die ihren Sitz in der EU haben, können bei der Europäischen Bürgerbeauftragten Beschwerden einreichen. Rund 2.000 solcher Anliegen erhält die Bürgerbeauftragte jedes Jahr, oftmals geht es dabei um verzögerte Zahlungen, die Verweigerung von Informationen oder um Fälle von Diskriminierung.

Über die Website der Europäischen Bürgerbeauftragten kann man sich das Beschwerdeformular in vielen Sprachen einfach herunterladen:

www.ombudsman.europa.eu

Die Bürgerbeauftragte kann auch von sich aus Untersuchungen einleiten und zwischen den Beschwerdeführern und der EU-Verwaltung schlichten. Zwar sind ihre Entscheidungen nicht rechtlich bindend, das können nur die des Gerichtshofs sein, aber den Empfehlungen der Bürgerbeauftragten folgen die EU-Organe sehr oft.

Das Europäische Parlament begleitet die Arbeit der Europäischen Bürgerbeauftragten aufmerksam und lässt sich jedes Jahr einen Tätigkeitsbericht von ihr vorlegen.

Die Europäische Bürgerbeauftragte
Emily O'Reilly

Der Petitionsausschuss des Europäischen Parlaments

Wie andere Parlamente auch hat das Europäische Parlament einen Petitionsausschuss eingerichtet, an den man sich wenden kann, wenn man einen Missstand beklagen möchte.

„Eine Petition kann als Beschwerde oder Ersuchen abgefasst sein und sich auf Angelegenheiten von öffentlichem oder privatem Interesse beziehen.

In der Petition kann ein individuelles Ersuchen, eine Beschwerde oder Bemerkung zur Anwendung von EU-Recht oder eine Aufforderung an das Europäische Parlament, zu einer bestimmten Angelegenheit Stellung zu nehmen, dargelegt werden. Solche Petitionen geben dem Europäischen Parlament Gelegenheit, auf Verletzungen der Rechte eines Unionsbürgers durch einen Mitgliedstaat oder lokale Gebietskörperschaften oder eine sonstige Institution hinzuweisen."

http://www.europarl.europa.eu/atyourservice/de/20150201PVL00037/Petitionen

Mehr Informationen zur Einreichung einer Petition im EP:

petiport.secure.europarl.europa.eu

Die Europäische Bürgerinitiative

Unser aller Leben wird stark durch Entscheidungen der Europäischen Union bestimmt. Die Rolle des „Antreibers" hat dabei die Europäische Kommission, die die Gesetzesvorschläge für das Europäische Parlament und den Rat der Europäischen Union, also die Vertreter der Mitgliedstaaten, vorbereitet.

Wenn Bürgerinnen und Bürger in der EU jedoch den Eindruck haben, dass die Europäische Kommission sich mit einer für sie wichtigen Sache nicht befasst, können sie die Europäische Kommission dazu bringen, sich dieses Themas anzunehmen. Dies kann man mit der Europäischen Bürgerinitiative erreichen.

Wenn eine Million Menschen aus mindestens sieben Mitgliedstaaten die Kommission auffordern, sich mit einer Forderung zu beschäftigen, muss sie dem nachgehen und gegebenenfalls eine neue Gesetzgebung vorschlagen. Eine Million, das sind weniger als zwei Prozent der EU-Bevölkerung, die gerade durch die sozialen Medien schnell zu erreichen sind.
Das bedeutet: Die Bürgerinnen und Bürger können sich durch die Europäische Bürgerinitiative – neben der Teilnahme an der Wahl zum Europäischen Parlament – direkt in die europäische Politik einmischen und Einfluss darauf nehmen, was in Europa diskutiert und geregelt wird.

Eine Bürgerinitiative kann sich allerdings **nur** auf **Politikbereiche** beziehen, für die die **Europäische Union** auch **zuständig** ist. Das sind beispielsweise der Umweltschutz, die Handelspolitik, die Landwirtschaftspolitik, der Verbraucher- und

Die Website der Europäischen Kommission zur Europäischen Bürgerinitiative

Datenschutz oder die Regionalpolitik. Fragen nationaler oder regionaler Zuständigkeit (z. B. mehr Fahrradwege), können nicht Gegenstand einer Europäischen Bürgerinitiative sein. Dies gilt auch für Forderungen, die offensichtlich Unsinn sind („Freibier für Linkshänder!“) oder die gegen die Grundwerte der Europäischen Union verstoßen, wie es beispielsweise die Forderung nach Einführung der Todesstrafe wäre.

Das Anliegen der Europäischen Bürgerinitiative muss also ernst gemeint, europäisch und demokratisch sein. Dann ist es allerdings recht leicht, eine solche Bürgerinitiative ins Leben zu rufen.

Zunächst müssen sich mindestens sieben Unionsbürgerinnen oder -bürger, die in mindestens sieben verschiedenen Mitgliedstaaten wohnen, zu einem **Bürgerausschuss** zusammenfinden. Damit ist klar, dass der Bürgerausschuss aus mindestens sieben Personen besteht, die wiederum alt genug sein müssen, um bei der Europawahl wählen zu dürfen (18 Jahre, in Österreich 16 Jahre). Dieser Ausschuss wählt eine oder einen Vorsitzende(n) und eine(n) Stellvertreter(in) und lässt seine **Initiative** dann bei der Europäischen Kommission **registrieren**, was über diese Internetadresse möglich ist:

ec.europa.eu/citizens-initiative

Auf der Seite gibt es den Knopf „Initiative starten“. Hier findet man auch die genauen Bedingungen, die zu erfüllen sind. Nach der Registrierung der Initiative durch die Europäische Kommission hat man **ein Jahr Zeit, um eine Million Unterschriften zu sammeln**. Das geht klassisch auf Papier, aber auch online. In jedem Land wird dann von den dortigen Behörden geprüft, ob die Unterzeichner Unionsbürgerinnen oder -bürger sind, ihren Wohnsitz im jeweiligen Land haben und zum Europäischen Parlament wahlberechtigt sind. In Deutschland nimmt das Bundesverwaltungsamt in Köln diese Sichtung vor.

Auch die **Unterschriften** müssen **aus mindestens sieben Mitgliedstaaten** stammen. Es gibt für die einzelnen Staaten einen festgelegten Schlüssel, der mit der Anzahl der Sitze dieses Landes im Europäischen Parlament korrespondiert. Aus **Deutschland** braucht man mindestens **72.000 gültige Unterschriften** (96 x 750). Wenn die Initiative es schafft, eine Million Unterschriften innerhalb eines Jahres vorzulegen, lädt die Europäische Kommission die Initiatoren zu einem **Gespräch** ein, um zu diskutieren, ob und wie die Initiative in einen Gesetzesvorschlag umgesetzt werden kann oder was die Kommission in dieser Angelegenheit ansonsten zu tun gedenkt. In einer **öffentlichen Anhörung vor dem Europäischen Parlament** können die Initiatoren ebenfalls ihre Forderung präsentieren.

Innerhalb einer Dreimonatsfrist erklärt die Europäische Kommission dann in einer formellen Antwort, welche Maßnahmen sie treffen wird und warum. Gegebenenfalls beschließt die Kommission, als Reaktion auf die Europäische Bürgerinitiative, einen neuen Rechtsakt vorzuschlagen.

Welche Initiativen es zurzeit gibt, kann man der Internetseite der Kommission entnehmen. Bis Mitte November 2017 waren vier Projekte erfolgreich und haben die erforderliche Zahl an Unterschriften erreicht. Die vier Bürgerinitiativen befassen sich mit dem Verbot bestimmter Pestizide wie Glyphosat, dem Recht auf den Zugang zu sauberem Wasser, mit dem Schutz von Embryonen und mit dem Verbot von Vivisektion. Die Reaktionen der Europäischen Kommission kann man auch auf der angegebenen Internetseite nachlesen.

Die Europäische Bürgerinitiative ist kein Referendum, in dem eine Mehrheit eine bestimmte Sache entscheidet. Ihr Ziel ist es, die Europäische Kommission zu veranlassen, sich mit einer Frage zu beschäftigen. Durch eine erfolgreiche Initiative entsteht ein erheblicher öffentlicher Druck und ein bestimmtes Thema kann dadurch auf die europäische Tagesordnung gesetzt werden.

Oftmals ist es aber gar nicht notwendig, auf die Europäische Kommission Druck auszuüben, es reicht völlig, wenn man rechtzeitig deutlich macht, was einem wichtig ist. Die Europäische Kommission führt mittlerweile für alle wichtigen Vorhaben Konsultationen durch, an denen man sich über das Internet einfach beteiligen kann.

Auf der Internetseite „Ihre Stimme in Europa" findet man die Themenbereiche:

ec.europa.eu/yourvoice/consultations/index_de.htm

Zum Teil sind diese sehr speziell und interessieren nicht jeden, aber jeder hat die Möglichkeit sich zu beteiligen. Mitte November 2017 waren 24 verschiedene Themen aufgeführt, zu denen die Europäische Kommission die Meinung der Bürgerinnen und Bürger hören wollte. Das ging von Pflanzenschutzmitteln und Fake News bis hin zur Besteuerung der digitalen Wirtschaft und Meldeformalitäten für Schiffe.

Die Europäische Union hat über eine halbe Milliarde Bürgerinnen und Bürger. Dennoch hat jede(r) Einzelne die Möglichkeit, seiner Stimme Gehör zu verschaffen und auf Entscheidungen Einfluss zu nehmen.

Der „Bündnispartner" ist dabei das Europäische Parlament – kein Wunder, es ist ja von den Bürgerinnen und Bürgern als ihre Vertretung direkt gewählt.

Impressum

Herausgeber: Europäisches Parlament, Verbindungsbüro in Deutschland
Autor: Prof. Dr. Eckart D. Stratenschulte
Redaktion: Europäisches Parlament, Verbindungsbüro in Deutschland